全国家长学校落地服务工程推荐读本
北京师范大学传统文化进课堂实施方案研究课题组推荐用书

亲 子 互 动　　百 日 方 案

好家風
成就好孩子

中国文化管理协会社区文化工作委员会◎著
梁鑫华 刘冰 王春来◎顾问　徐国军 徐连梅◎主编

中共中央党校出版社

图书在版编目（CIP）数据

好家风成就好孩子：亲子互动　百日方案 / 中国文化管理协会社区文化工作委员会著 .-- 北京：中共中央党校出版社，2021.9（2024.1 重印）

ISBN 978-7-5035-7102-2

Ⅰ.①好… Ⅱ.①中… Ⅲ.①家庭教育 Ⅳ.① G78

中国版本图书馆 CIP 数据核字（2021）第 150765 号

好家风成就好孩子——亲子互动　百日方案

策划统筹	任丽娜
责任编辑	桑月月　牛琴琴
责任印制	陈梦楠
责任校对	王明明
出版发行	中共中央党校出版社
地　　址	北京市海淀区长春桥路 6 号
电　　话	（010）68922815（总编室）　　（010）68922233（发行部）
传　　真	（010）68922814
经　　销	全国新华书店
印　　刷	中煤（北京）印务有限公司
开　　本	710 毫米 ×1000 毫米 1/16
字　　数	237 千字
印　　张	19.75
版　　次	2021 年 9 月第 1 版　2024 年 1 月第 2 次印刷
定　　价	48.00 元

微 信 ID：中共中央党校出版社　　邮　　箱：zydxcbs2018@163.com

本书编委会

顾　问　梁鑫华　刘　冰　王春来

主　编　徐国军　徐连梅

编　委　王克峰　卢秀强　邵元华　张文正　高　彦

　　　　唐　玲　安　勇　詹惠元　韩　东　陈阳明

　　　　张恒进　白树祥　张德宽　康英杰　陈昱含

　　　　王天仁　王衍合　孙宏波　苏维俊　夏明国

　　　　孔祥强　昌发军　周玉江　张丽娟　施蕾芬

　　　　周元琳　齐雪梅　易灿丽　雒　实　张志贤

领导寄语

弘道养正家风健，立德树人子孙贤。

——柳斌

第十届全国人大常委会委员、原国家教委党组副书记兼副主任、教育部总督学、中国文化管理协会顾问

家庭是社会的基本"细胞"，家风是青少年发育成长的"寒温雨露"。家风家教对一个人的成长至关重要。所谓言传身教，最直接的就是父母言行对子女的影响。宣扬好家风是一件功德无量的事情！祝愿本书在弘扬传承中华优秀传统文化、传统美德方面行稳致远，砥砺前行！

——陈虹

民政部原副部长、中国文化管理协会顾问

《好家风成就好孩子——亲子互动 百日方案》这本书里写的是道德模范的风采，有与国学经典有机相连的点评与分享，有古有今，有筋有骨，有血有肉，有情有义，有伦理有实践，探索了好家风是如何成就好孩子，细读必有益。

——孙希岳

国有重点金融机构监事会原主席、江西省原副省长、中国文化管理协会顾问

好家风犹如一棵大树，深深植根于以孝为本的家庭伦理的土壤中。孝是中华民族传统美德的核心，也是整个中华文化的根基。由此扩展而来的传统价值体系，如孝悌、忠信、礼义、廉耻等，其中的优良成分，维系着全民族的精神生命，是我们自信、自立、自强的底气。愿我们永远保持祖先的文化基因，并适应新时代的需要，加以创造性转化和创新性发展，不断创造中国和人类幸福的明天！

——徐国宝

全国人大教科文卫委员会文化室原副主任、中国文化管理协会执行副主席

本书使用说明

❶ 在每篇方案的使用上，家长可以根据孩子的年龄特点，有所取舍，或者根据义理转换表达方式，以孩子能够接受为宜。

❷ 在方案每个环节的操作上，家长也要根据孩子的情况灵活运用。例如，中篇和下篇中交流研讨的内容，对于年龄小的孩子，可以直接讲解。

❸ 有些内容没有给出具体答案，旨在留给家长发挥的空间，便于家长根据自己孩子的具体情况开展教育活动。

❹ 在"知行合一"环节中，家长可以根据家庭的实际情况和孩子的个性，增加德行实践的内容，及时引导孩子取长补短，培养好习惯。孩子做事时，父母要根据孩子年龄等实际情况适当指导，以免发生危险和意外。

❺ 古人常常"易子而教"，就是我的孩子由你教育，你的孩子由我教育。家长可以沿用这种方式，也可以联合多个家庭推选家长教育孩子，以收到更好的教育效果。

❻ 随着孩子年龄增长，本书可以循环使用，"解"帮助"行"，"行"帮助"解"，不断促进孩子德行和学业的进步。

❼ 本书旨在抛砖引玉，还有很多不足之处，望各位批评指正，桃李"多"言，下自成蹊。

代 序 一

　　我怀着十分兴奋的心情阅读了《好家风成就好孩子——亲子互动　百日方案》。这是一本讲述好家风、推介好家风、宣扬好家风的好书。在我们的视野中，专门讲述家风的书尚不多见。这本书的出版，是中国文化管理协会社区文化工作委员会做的一件十分值得称赞的事。家是国之基础，是社会最基本的细胞，也是个人成长的第一课堂；家庭的精神面貌、道德规范、成员关系，又是构成良好家风的最重要、最根本的因素。

　　每个家庭都应该有一个好的家风，好的家风才有顺心舒畅的生活，才有和谐美满的家庭。千万个家庭构成了国家，构成了社会，家庭美好，社会就安定。我们是社会主义国家，在中国共产党的坚强领导下，形成了优良的党风和社会风气，家风、党风和社风彼此联系，相互渗透，相互影响。家风和则万事兴，家风清则党风正，家风淳则社风好。

　　望好家风传遍家家户户，成为中华文化文明的一大亮点。

高运甲
中国文联原党组副书记、副主席
中国文化管理协会顾问

代序二

周朝三太品行端，教导儿孙成圣贤。

颜征贤淑秉父志，遂有仲尼代代传。

孟母断机教亚圣，岳母刺字留佳言。

中华母亲有担当，忠孝家风耀万年。

喜闻《好家风成就好孩子——亲子互动　百日方案》一书即付刊印，嘱以作序。于是，中华历代圣母浮现眼前，罗列几位，旨在抛砖引玉。纵观历史，中华优秀传统文化在家庭中得以传承，父母是孩子的第一任老师。

本书彰显孝道主题与家国情怀，提供百日方案，能够帮助父母借鉴前人的经验与智慧，解决孩子现实和未来生活中面临的困惑与问题，使孩子从小沐浴在中华好家风中，培养孝悌忠信、礼义廉耻的美德，进而促进人际和谐，成就美好人生。

是为序。

刘　冰

中国国学专业人才库考评专家委员会委员

中华母亲讲堂发起人 2019"中国最美妈妈"

2021 年 6 月 6 日

前　言

家风是一个家庭或一个家族世代相传的风尚、生活作风，是一个家庭中的风气。

好家风是中华优秀传统文化的现代传承，是家庭美德的集中体现，是立身做人的行为准则。

好家风作为一种无言的教育，能使家人获得人生的智慧，塑造健全的人格，享受以规范为前提的自由，促进家庭和睦与社会和谐。

好家风源于祖辈或父母提倡并能身体力行的言传身教。好家风的养成在于家庭教育。

家庭是孩子的第一课堂，家长是孩子的第一任老师。

中华好家风的核心是道德，《孝经》中说："夫孝，德之本也。"孝是道德的根本，是人生之根。孩子有孝心，就会激发内生动力，好学上进，养成孝悌忠信、礼义廉耻的品德；孩子有孝心，"移孝为忠"，将孝心内化为爱国情怀，把青春梦想融入实现中国梦的伟大实践中，必将实现人生梦想。

本书上篇选取了历史上的名人故事，让我们看到古人的孝行与成就，明白为什么学习孝道，可谓"古道照颜色"；中篇从现代教育出版社2021年出版的《忠孝家国情》日记中做部分节选，引出孝道的学习，以期"报得三春晖"；下篇"秋收万颗子"是学习孝道的成就，也就是由"根"生发的"枝干花果"，根深才能叶茂，尽孝方能成才。

《诗经》中说："孝子不匮，永锡尔类。"只要孩子对父母行孝的心思时刻不忘，就能砥砺自我，成人成才。其实，教育并不复杂，我们有很多古圣先贤的经验可借鉴。启迪孩子的孝心是家长智慧的抉择。

"古人不见今时月，今月曾经照古人。"古人在中华好家风的熏陶中成就人生，今人又何尝不是这样呢？

田间耕种，期望硕果累累，必然在根上浇水施肥，这是自然的道理。有些家长为了孩子成才，每天督促孩子学这学那，孩子却不知为谁学、为什么学，疲于应付。还有家长觉得只要孩子以后生活幸福就行了，教不教"孝"没关系。岂不知，教"孝"就是赋予孩子成功的行动力，也是孩子获得喜悦与幸福感的关键。

《师说》中说："爱其子，择师而教之。"爱自己的孩子，就要选择好老师教导他。本书选取古今成功人物的范例，荟萃中华好家风于家庭教育中，必将如春风化雨，"随风潜入夜，润物细无声"，让每一位父母、每一个孩子、每一个家庭受益，让社会更加和谐美好。

本书编委会

2021 年 6 月 6 日

目 录

上篇　古道照颜色

第一天	虞舜至孝	/ 3
第二天	泰伯三让	/ 5
第三天	鹿乳奉亲	/ 7
第四天	彩衣娱亲	/ 9
第五天	孔子尽礼	/ 11
第六天	子路负米	/ 14
第七天	单衣顺亲	/ 16
第八天	大杖则走	/ 18
第九天	皋鱼三失	/ 20
第十天	文帝尝药	/ 22
第十一天	缇萦上书	/ 24
第十二天	伯俞泣杖	/ 26
第十三天	拾葚供亲	/ 28
第十四天	江革负母	/ 30
第十五天	门下孝子	/ 32
第十六天	郭伋守信	/ 34
第十七天	王烈遗布	/ 36
第十八天	杏林春暖	/ 38
第十九天	孔明遗风	/ 40
第二十天	望云思亲	/ 42
第二十一天	三槐堂主	/ 44
第二十二天	布衣宰相	/ 47

第二十三天　东坡卜居　　　　　　　　　/ 50

第二十四天　程门立雪　　　　　　　　　/ 53

第二十五天　庭坚侍母　　　　　　　　　/ 55

中篇　报得三春晖

第二十六天　我与父母本一体　　　　　　/ 61

第二十七天　亲恩似海深无边　　　　　　/ 65

第二十八天　知恩报恩不忘本　　　　　　/ 69

第二十九天　安身立业孝为先　　　　　　/ 72

第三十天　　做人饮水要思源　　　　　　/ 75

第三十一天　孝顺不分女和男　　　　　　/ 79

第三十二天　孝是人道第一步　　　　　　/ 82

第三十三天　孝顺子弟必明贤　　　　　　/ 85

第三十四天　孝亲首要身康健　　　　　　/ 88

第三十五天　更要双亲把心安　　　　　　/ 91

第三十六天　孝子常怀父母志　　　　　　/ 95

第三十七天　慧润身心家道安　　　　　　/ 99

第三十八天　孝亲不教亲生气　　　　　　/ 102

第三十九天　爱亲敬亲孝乃全　　　　　　/ 105

第四十天　　孝道贵在心中孝　　　　　　/ 108

第四十一天　孝亲亲责莫回言　　　　　　/ 111

第四十二天　尽孝不在贫和富　　　　　　/ 115

第四十三天　孝性温和孝味甘　　　　　　/ 118

第四十四天　孝从难处见真孝　　　　　　/ 121

第四十五天　亲由我孝寿比山　　　　　　/ 124

第四十六天　孝贵实行不在言　　　　　　/ 127

第四十七天　病中父母命攸关　　　　　　/ 130

第四十八天　及早尽孝时不待　　　　　　/ 133

第四十九天　亲死知孝后悔难　　　　　　/ 137

第五十天　　孝子贫穷终能好　　　　　　/ 140

第五十一天　一个孝字全家安　　　　　　/ 143

第五十二天　耕读忠孝传家远　　　　　　/ 146

第五十三天　孝化风俗人品端　　　　　　/ 149

第五十四天　百行万善孝为首　　　　　　/ 153

第五十五天　敬老无穷孝无边　　　　　　/ 157

下篇　秋收万颗子

第五十六天　兄友弟恭　　　　　　　　　/ 163

第五十七天　移孝为忠　　　　　　　　　/ 167

第五十八天　热爱祖国　　　　　　　　　/ 170

第五十九天　学习雷锋　　　　　　　　　/ 173

第六十天　　执笔尽忠　　　　　　　　　/ 176

第六十一天　履职尽责　　　　　　　　　/ 179

第六十二天　学会担当　　　　　　　　　/ 182

第六十三天　开拓创新　　　　　　　　　/ 184

第六十四天　志愿服务　　　　　　　　　/ 186

第六十五天　诚实守信　　　　　　　　　/ 188

第六十六天　礼敬于人　　　　　　　　　/ 191

第六十七天　谦虚礼让　　　　　　　　　/ 194

第六十八天　仗义疏财　　　　　　　　　/ 198

第六十九天　见义勇为　　　　　　　　　/ 201

第七十天　　助人为乐　　　　　　　　　/ 204

第七十一天　戒贪养廉　　　　　　　　　/ 207

第七十二天　节制欲望　　　　　　　　　/ 210

第七十三天　仁者爱人　　　　　　　　　/ 213

第七十四天　发明创造　　　　　　　　　/ 216

第七十五天　师恩如海　　　　　　　　　/ 219

第七十六天　反求诸己　　　　　　　　　/ 222

第七十七天　自强不息　　　　　　　　/ 225

第七十八天　厚德载物　　　　　　　　/ 228

第七十九天　勤俭持家　　　　　　　　/ 231

第八十天　　尊师重道　　　　　　　　/ 234

第八十一天　教学有方　　　　　　　　/ 238

第八十二天　立志惜时　　　　　　　　/ 241

第八十三天　传统膳食　　　　　　　　/ 245

第八十四天　起居有常　　　　　　　　/ 247

第八十五天　着装得体　　　　　　　　/ 250

第八十六天　出告反面　　　　　　　　/ 252

第八十七天　交友之道　　　　　　　　/ 255

第八十八天　谨言慎行　　　　　　　　/ 258

第八十九天　一诺千金　　　　　　　　/ 261

第九十天　　敬长尊贤　　　　　　　　/ 264

第九十一天　站立坐走　　　　　　　　/ 267

第九十二天　待客礼仪　　　　　　　　/ 270

第九十三天　交往礼仪　　　　　　　　/ 272

第九十四天　送客礼仪　　　　　　　　/ 275

第九十五天　经营之道　　　　　　　　/ 278

第九十六天　廉洁奉公　　　　　　　　/ 281

第九十七天　行己有耻　　　　　　　　/ 285

第九十八天　爱众亲仁　　　　　　　　/ 288

第九十九天　改过迁善　　　　　　　　/ 291

第一百天　　积善成德　　　　　　　　/ 294

上篇

古道照颜色

第一天

虞舜至孝

　　虞舜，名叫重华。他的生母死后，父亲瞽叟又续娶了一个妻子，生下了弟弟象。瞽叟喜欢后妻的儿子，常想杀掉舜。舜只要犯点小错，就会遭到重罚。舜却恭顺地行事，从不违背为子之道。他友爱兄弟、孝顺父母，每天都很恭敬认真，没有半点懈怠。

　　舜二十岁时就因为孝顺出了名。三十岁时，尧帝问谁可以治理天下，四岳全都推荐虞舜。于是尧把自己的女儿嫁给了舜来观察他在家的德行，让九个儿子和他共处来观察他在外的为人。

　　尧赐给舜一套细葛布衣服，给他一张琴，为他建造仓库，还赐给他牛和羊。但瞽叟仍然想杀舜，让舜登高修补谷仓，瞽叟却从下面放火焚烧。舜用两个斗笠保护着自己，像长了翅膀一样跳下来逃走，才得以不死。此后，舜还是像以前一样侍奉父母、友爱兄弟，而且更加恭谨。

　　舜在历山耕种的时候，农夫经常为了田地互相争夺。舜总是率先礼让他人，以身作则。后来，这些农夫都大受感动，再也不互相争田争地了。

　　人们都喜欢亲近舜，只要舜所居住的地方，一年就成为村落，两年成为县邑，三年就成为大城市。这就是历史上所称的"一年成聚，二年成邑，三年成都"。

　　舜五十岁时代理政务，五十八岁时尧逝世，六十一岁时接替尧登临首领之位。登位三十九年，到南方巡视，在南方苍梧的郊野逝世，

埋葬在长江南岸的九嶷山，也就是零陵。（译自西汉·司马迁《史记·卷一·五帝本纪》）

一 教导交流

1. 舜生活在怎样的家庭环境呢？（提示：父母不喜欢，随时都会受到迫害的环境）

2. 舜遭到迫害逃生以后怎样表现呢？（提示：更加恭谨地侍奉父母、友爱兄弟）

二 探幽寻胜

1. 尧为什么选择舜作为自己的继承人呢？（提示：舜在恶劣的家庭环境里依然坚守着孝道，表现出与众不同的德行，并善于以德行教化他人，得到大众的尊重和亲近）

2. 舜的德行是怎样成就的呢？（提示：在特殊的家庭环境中，面对父母兄弟的责难，舜不断反省自己哪里做得不好，不断地改过，以至诚的孝心最终成就伟大的品德）

三 见贤思齐

1. 在遇到逆境时，要靠德行与智慧渡过难关。

2. 看到他人有过失时，要靠德行感化使其改过。

寄语家长

在教育中，家长要善于让孩子经受适当的挫折与逆境。只有经过磨炼，"苦其心志，劳其筋骨"，才能使孩子"动心忍性，曾益其所不能"，实现人生梦想。

第二天

泰伯三让

商朝末年，周太王有三个儿子：长子泰伯（太伯），二子仲雍，三子季历。

当时商朝渐渐衰落，而周日益强大。季历的孩子昌有圣人的德行。因为太王有翦灭商纣的志向，泰伯不同意，太王就想传位给季历再传位到昌。

泰伯知道父亲的心意，就与仲雍躲藏到南方荆蛮的地方。于是太王传位给季历，再传位到昌时，已经有了三分之二的天下，昌就是周文王。周文王去世，他的儿子发继位，便攻克了商，发就是周武王。

以泰伯的德行，在当时足以获得诸侯的朝拜而拥有天下，然而他放弃天下，又隐藏了踪迹，他的德行到了极点，那是何等高尚啊！（译自南宋·朱熹《论语集注·泰伯第八》）

一 教导交流

1.孔子在《论语》中赞叹泰伯"其可谓至德也已矣"。孔子为什么说泰伯是品德最高尚的人呢？（提示：泰伯带着二弟离家远去，目的是成全父亲意愿，让三弟顺利继位，而父王也不会给世人留下偏爱让位的嫌疑，这成全了父子兄弟的情义，浑然不落痕迹，所以可称泰伯为品德最高尚的人）

2. 从泰伯的行为可以看出他有哪些好品德呢？（提示：孝敬父母、友爱兄弟、无私无欲）

二 探幽寻胜

1.《论语》中说泰伯"三以天下让，民无得而称焉。"泰伯几次把王位让给季历，老百姓都找不到合适的词语来称赞他。泰伯的"让"成就了什么？（提示：他成全了父亲的心愿，做到了友爱兄弟，带动了整个社会"孝""悌"的好风气，使周朝享国近八百年）

2.《史记》中说："太伯之奔荆蛮，自号句吴。荆蛮义之，从而归之千余家，立为吴太伯。"太伯与仲雍同避荆蛮后，土著居民认为太伯有德义，追随归附太伯的有千余家，并拥立太伯为当地的君主，尊称他为"吴太伯"，自号"句吴"。泰伯为什么能成为吴国第一代君主呢？（提示：泰伯的品德成为大众学习的榜样，得到大家的爱戴）

三 见贤思齐

1. 要智慧地践行孝敬父母、友爱兄弟的品德。

2. 要行孝道、重情义，成就德行，让中华传统美德成风化人。

寄语家长

培养孩子谦让，他就会成为一个能够为人着想的人；培养孩子礼让，他就会成为一个有分寸的人；培养孩子忍让，他就会成为一个能够与人和睦相处的人。人生中，学会谦让、礼让、忍让，不但会避嫌远祸，而且会收获颇多。

鹿乳奉亲

周朝时期鲁国人郯子，非常孝顺。父母老了，眼睛又有疾病，想喝鹿乳医治眼疾，可是很难得到。

郯子知道父母的心意，就打定主意，披着鹿皮走到深山中。他混在群鹿里面，以便取得鹿乳回家给父母喝。

一次，他正在取鹿乳时，遇到了猎人。猎人以为他是一只鹿，准备用弓箭射杀。郯子赶快站起来，脱掉鹿皮，把取乳医治父母眼睛的情况告诉了猎人，才免除了被射杀的危险。（译自民国·蔡振绅《八德须知全集·初集卷一》）

一 教导交流

1.这个故事中，郯子披上鹿皮上山寻鹿乳的行动，出自怎样的心？（提示：至诚的孝心）

2.郯子知道父母想喝鹿乳治眼疾的心意，就混在群鹿里取鹿乳。这个故事启示我们要怎样尽孝道呢？（提示：要努力实现父母的心愿，使父母安心）

二 探幽寻胜

1.史书记载，郯子后来成为春秋时期郯国的第一任君主。他能够

得到大家的敬重与爱戴，原因是什么呢？（提示：至孝的品德）

2.几千年来，郯城的郯子孝文化一直在传承着。如今，孝道文化成为当地一道美丽的风景。为什么人们如此重视孝道文化呢？（提示：孝道能给人生带来幸福，给家庭和社会带来和谐）

三 见贤思齐

1.孝敬父母要尽心竭力，要努力实现父母的心愿，不仅是供养吃穿。

2.要践行孝道，为大众做好榜样；要传承、弘扬孝道，营造社会好风气。

寄语家长

孟子说："人少则慕父母。"孩子小时候最尊敬的人是父母。父母把握住这一段教育中的黄金时间，培养孩子孝道，就是交给孩子一把开启幸福大门的钥匙。孩子反哺报恩，在尽孝中获得幸福感，这是超越物质生活的人生享受。

第四天

彩衣娱亲

老莱子，春秋时期楚国人，七十岁的时候父母都还健在。老莱子非常孝顺，总是想方设法让父母心情愉快。

他经常穿着五彩斑斓的衣服，像小孩儿一样逗父母开心。有一次他为父母送水，进屋时跌了一跤。他怕父母伤心，就躺在地上学小孩子哭，逗得二老大笑起来。（译自宋·李昉《太平御览·人事部·卷五十四·师觉授·孝子传》）

一 教导交流

1.故事中的老莱子为什么要这样做呢？（提示：为了使父母的心常驻于年轻的时候，常葆青春之态，这也是"养父母之心"）

2.在家庭生活其乐融融的温馨场景中，一家人的内心都会体验到什么感觉呢？（提示：幸福感）

二 探幽寻胜

1."双亲开口笑，喜气满庭帏"。每个人记忆中都会有这种幸福的场景，随着年龄增长这种场景往往会越来越少，这是为什么呢？（提示：陪伴父母的时间少了）

2.老莱子的孝行在《孝子传》《艺文类聚》《初学记》等书中都

有记载。古人欣赏并传播他的孝行，用意是什么呢？（提示：提醒我们要向老莱子学习，让父母生活得愉悦，也让自己获得幸福感）

三 见贤思齐

1. 要感恩父母对家庭的付出，以实际的孝行报答父母。

2. 要以孝心营造温馨的生活场景，使父母精神愉快、心情舒畅、生活幸福。

🐦 寄语家长

教育需要用心、需要耐心。父母多去关心、了解、教导孩子，就是营造自己和孩子幸福的生活。如果不抽出时间陪伴孩子，甚至不知道孩子每天想什么、做什么，往往最终得不偿失。

第五天

孔子尽礼

孔子出生在春秋时期鲁国昌平乡的陬邑，姓孔，字仲尼。孔子小时候做游戏，常常摆起各种祭器，学做祭祀的礼仪动作。

鲁国人南宫敬叔对鲁昭公说："请让我与孔子一起到周去。"鲁昭公就给了他一辆车子、两匹马、一名童仆，随他出发，到周去学礼，据说见到了老子。孔子从周回到鲁国后，跟他学习的弟子就渐渐多起来了。

孔子的时代，周王衰微，礼崩乐坏，《诗》《书》也残缺不全了。孔子探究夏、商、西周三代的礼仪制度，为《尚书》作序，编写了篇次，上起唐尧、虞舜之时，下至秦穆公，依照事情的先后，加以整理编排。孔子致力于研究整理古代文献，使《诗》《书》《礼》《乐》等六经齐备，为古代文化的保存与发展作出了杰出的贡献。

孔子在自己家乡，谦恭得像个不善言谈的人。他在宗庙祭祀和朝廷议政这些场合，能言善辩，言辞明晰而又通达，然而又很恭谨小心。上朝时，与上大夫交谈，态度中正自然；与下大夫交谈，就显得和乐安详了。

孔子进入国君的公门，低头弯腰，恭敬谨慎，进门后急行而前，谦恭有礼。国君命他迎接宾客，他容色庄重认真。国君召见他，不等车驾备好，就动身起行。在一天内哭泣过，他就不会再歌唱。看见穿孝服的人和盲人，即使是个小孩，他必定面色凝重，表示同情。

鲁国人每年都定时到孔子墓前祭拜，世代相传，而儒生们也在这时来这里讲习礼仪。（译自西汉·司马迁《史记·卷四十七·孔子世家》）

一 教导交流

1.孔子处处遵守礼节，不但为人们做出了榜样，而且积极开展教育活动。他为什么这样重视"礼"呢？（提示：为了教导人们把礼节落实在处世待人接物中，促进人与人之间的和谐共处）

2.孔子整理编排礼仪制度，对后世产生了怎样的影响呢？（提示：明确了德行的规范，规范了人们在社会活动和日常生活中的举止言行，维持了社会的和谐有序，使中华民族成为"礼仪之邦"）

二 探幽寻胜

1.礼仪既是尊重别人，也是尊重自己的体现。良好的礼仪会给生活工作带来什么好处呢？（提示：它能提升人的涵养，对内可融洽关系，对外可树立形象，营造和谐的工作和生活环境，在个人事业发展中起着重要作用）

2.礼仪与品行应该在什么时期培养呢？（提示：教育家陶行知先生说："凡人生所需之重要习惯、倾向、态度，多半可以在六岁以前培养成功。"《易经》中说"蒙以养正，圣功也"。孩子在蒙童时代就应培养纯正无邪的品质，这种从小养成的礼仪习惯会终身受益）

三 见贤思齐

1.要从小培养有礼貌、有爱心、关心他人、助人为乐的品质。

2.处世待人接物中要讲文明、守礼节，与大家和谐共处。

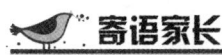 **寄语家长**

　　人心都是向善的。有礼貌有教养的孩子更招人喜欢，有公德有素养的人有更好的人际关系，敬业谦和的人更有潜力。家长应借鉴中华民族传统教育的经验，从小培养让孩子终身受益的品行。

第六天

子路负米

子路面见老师孔子说："背着重物远行的人，不会选择休息的地方；家境贫寒、父母年纪大的人，不要计较俸禄的多少才做官。过去我奉养父母也是这样：自己经常吃一些粗劣饭菜，而不辞辛苦从百里外的地方给父母背来大米，供父母吃。父母去世之后，我跟随先生到南方游历来到楚国，坐着华丽的车子，吃着丰盛的菜肴，可是心中十分怀念逝去的双亲。如今，很想像以前一样自己吃些粗茶淡饭，给父母背粮食，却也是不可能了。"（译自《孔子家语·卷二·致思》）

一 教导交流

1.子路背着米走百里长的路，一定很累，他为什么坚持不放弃呢？（提示：为了让父母吃到有营养的饮食，实现自己的孝心）

2.从故事可以看出，子路虽对父母尽力赡养，但想起父母没能够在生前享受到好的衣食，仍然非常的内疚。他曾对孔子说："伤心啊！太贫穷了。父母活着时没有什么好东西供养他们。"孔子教导他说："活着时生活虽然清苦，但尽力让他们欢乐，这不就叫孝顺吗？"这个故事对当今孝道有什么启示呢？（提示：行孝要尽力，要及早）

二　探幽寻胜

1. 子路能不计劳苦，到百里之外背米回家奉养父母。由此，我们怎样理解古人尽孝的心呢？（提示：百里的负米路虽然很长，却是一条行孝的路；虽然艰辛，心灵却能享受尽孝的踏实与幸福。这也体现了古圣先贤的人生追求，值得我们学习）

2. 做子女的为什么要不辞劳苦、尽心尽力地照顾父母呢？（提示：父母为家庭、为孩子不辞辛劳地付出，理应收获子女的慰藉。特别是到了晚年，更应该得到孩子的照顾）

三　见贤思齐

1. 要学会把辛苦留给自己，把甘甜献给父母。

2. 要让自己走在行孝的路上，让生命中多一些充实与幸福。

寄语家长

始于孝道的教育就是让孩子学会做人。家庭教育是孩子成长的沃土。父母在这方面付出，就会获得最大的收获。自古注重培养孩子良好品德的父母，从来没有失望。

单衣顺亲

闵子骞，名损，春秋时期鲁国人。他的母亲去世比较早，父亲娶了继母，又生了两个弟弟。

一个冬天，后母用芦花给他做衣服，而给两个弟弟做的都是棉衣。芦花做的衣服看起来很蓬松，但不保暖。子骞驾车时经受不住寒冷，父亲不知道内情，反而严厉地责备，用荆条打他，衣服绽开，芦花飞了出来。

父亲查看后母亲生的孩子的棉衣都是厚厚的棉絮做成的，惭愧气愤到了极点，就要把他的后母休掉。子骞却跪下来说："有母亲在的时候，只有我一个人寒冷；如果母亲走了，我和两个弟弟都会挨饿受冻了。"（译自西汉·司马迁《史记·卷六十七·仲尼弟子列传》）

教导交流

1.闵子骞能够为后母求情，出于怎样的心呢？（提示：对兄弟的爱护，对家庭的负责，归根结底还是对父母的孝心）

2.闵子骞的孝心感动了父亲和后母，这个家庭从此变得和乐了。这个故事给我们什么启示呢？（提示：孝道能拯救一个家庭，让家庭幸福）

二　探幽寻胜

1.父亲被闵子骞"母在一子寒，母去三子单"的话所感动，后母也惭愧悔恨不已，从此对待闵子骞像亲生儿子一样了。由此可见，孝心能产生怎样的力量呢？（提示：孝心能够转化一个人的环境，让人走出逆境）

2.孔子赞叹闵子骞说："孝哉，闵子骞！"他的故事也广为流传。后人把闵子骞的生日——正月二十四日定为古会，将鞭打芦花这个山坡上的"杜村"改名为"鞭打芦花车牛返村"，这个村名成为全国最长的村庄地名。元大德年间，乡人又在这里建祠堂彰显孝道。2006年，鞭打芦花车牛返遗址被列为安徽省非物质文化遗产。从古到今，人们为什么这样宣扬孝道呢？（提示：孝是道德的根本，孝敬父母才是真正的做人之道）

三　见贤思齐

1.要善于用智慧和宽容化解心中的怨恨，成就自己的美德。

2.身处逆境时更要保持一颗宽容的心，以宽厚无私的心转化环境，使自己走出逆境。

寄语家长

　　我们在父母面前行孝道，孩子看到自然就会效仿，这就是孝道的教育。父母不但成全了我们的孝心，也让孩子学到了孝道，所以要珍惜与孩子同住在一起的日子。

大杖则走

春秋时期，曾参在瓜地锄草，不小心把一棵瓜苗锄掉了。父亲曾晳看到后非常生气，就用大棍子打他。由于出手太重，曾参被打昏了，倒在地上，过了好一会儿才醒过来。曾参醒来后，局促不安，小心翼翼地对父亲说："刚才我让您生气了，才那么打我，您没累着吧？"然后赶紧退下，弹琴高歌，故意让父亲听到，知道他没被打坏。

孔子听说这件事后，对弟子说："曾参再来的时候不要让他进来。"曾参自己认为没有错，就找人请教老师什么原因。孔子说："你不知道瞽叟的儿子舜的故事吗？舜侍奉父亲，有事用他的时候时时在身边。他父亲用小棍子揍他的时候就忍着承受，用大棍子揍他的时候就跑开。现在曾参惹得父亲暴怒，用大棍子揍他还不跑，这是宁愿牺牲自己也要陷父亲于不义，还有比这个更不孝的事情吗？"（译自西汉·刘向《说苑·卷三·建本》）

一 教导交流

1. 为什么父母用小棍子打的时候就忍着承受，用大棍子打的时候就要跑开呢？（提示：用小棍子打的时候承受是为了减轻父母的生气，用大棍子打的时候跑开是怕父母生气时失手打坏自己，令父母伤心后悔，归根结底都是要有为父母着想的心）

2.父母因为孩子犯了错误责罚孩子的时候，他们的身体会怎样呢？（提示：发一次脾气身体需要很长时间才能恢复，父母生气也会损伤身体）

二 探幽寻胜

1.父母为了让孩子记住教训，宁可发脾气伤害自己的身体，也不愿意孩子学坏，在这时候子女应该怎样想呢？（提示：父母是为了让我进步才这样生气地批评，我要努力改正错误，以免父母伤心）

2.父母爱子女的方式，有时候是轻声细语，有时候却声色俱厉，要体会到同样都是一份爱心。为了少让父母操心生气，做子女的要怎样做呢？（提示：要记住父母的教诲，严格要求自己，学习颜渊的"不二过"的改过精神，今后不再犯同样的错误）

三 见贤思齐

1.孝养父母，时时要存为父母着想的心。

2.孝养父母，在具体事情上的进退之间都要体现孝心。

寄语家长

真正孝顺父母的人，都会希望成就自己，"扬名于后世，以显父母"，也就会做到尊敬师长。有了孝亲尊师的态度，才能实现品学兼优的目标。所以，做父母的首先要培养孩子的孝心。

第九天

皋鱼三失

孔子在一次出行时，在路上听到很悲伤的哭声。孔子说："快走快走！前面有个贤人！"到跟前一看，原来是皋鱼。他身穿粗布衣服，拿着镰刀，在路边哭泣。

孔子离开车子对皋鱼说："你家没有丧事，怎么哭得如此伤悲呢？"皋鱼说："我有三个过失。我从小就喜欢学习，周游各诸侯国，没有照顾好父母，我回来时他们已经去世了，这是我的第一个过失；我志向远大，不把自己的事放心上，不愿在庸君手下做事，年纪已大仍然一事无成，这是我的第二个过失；我与朋友交往深厚，但是逐渐断绝了来往，这是我的第三个过失。树想停下来可是风却摇动不止，儿子想奉养父母可是他们已经不在了。过去了再也追不回来的是岁月，逝去了再也见不到的是双亲。请允许我从此离别人世，去陪伴逝去的双亲。"说着，他站着像枯树一样死去了。

孔子说："弟子们要留心啊，这件事足以使你们明白其中的道理！"于是弟子辞别回家奉养双亲的有十三人。（译自西汉·韩婴《韩诗外传·卷九》）

教导交流

1.这个故事中，皋鱼为什么哭泣呢？（提示：他错失了三次机会）

2. 皋鱼之哭，告诉我们什么道理呢？（提示：行孝是不能等待的）

二　探幽寻胜

1. 故事中皋鱼的话对我们有什么启示呢？（提示："身体发肤，受之父母"，人生中要报答父母的养育之恩）

2. 人生要行孝道，也要追求事业与理想，应该怎样处理这两者的关系呢？（提示：要把行孝道与追求事业、理想融为一体，两者兼顾，并以孝心的力量推动所做的事业，最终实现理想）

三　见贤思齐

1. 行孝要及时，要从现在开始，不要以各种借口不孝敬父母。

2. 要让孝心相伴学业、事业，推动人生理想的实现。

寄语家长

孩子 20 岁之前是教育的黄金阶段，这个时间错过了就再也没有了。这时候，父母选择了挣钱，没有尽心去教导，将来孩子不成器，还能弥补吗？不要让自己有不可挽回的损失！

第十天

文帝尝药

汉文帝刘恒，是高祖刘邦的第三个儿子。他尚未做皇帝的时候，被封为"代王"。

文帝的母亲是薄太后，薄太后曾经生病三年，文帝侍奉母亲总是很周到，连夜间睡觉时都没有好好合过眼，甚至连衣带也不敢解开。母亲所吃的汤药，他都要先亲自尝过，确定汤药温度冷热适宜后，才送到母亲面前。

他仁孝的名声因此传遍了天下，得到了大家的赞叹。（译自民国·蔡振绅《八德须知全集·初集卷一》）

一 教导交流

1.我们读过很多贫苦人尽孝的故事，这里是皇帝尽孝的故事，主人公贫富不同，但孝心都让我们感动。他们发自内心真诚地孝敬父母，表现在行为上都是尽心尽力。我们从中受到什么启示呢？（提示：尽孝是做儿女的本分，看到父母的需要做出行动是孝子自然表现出来的行为，与自己的身份地位无关）

2.故事中说"母亲所吃的汤药，他都要先亲自尝过"，就是《弟子规》中所说"亲有疾，药先尝"。当今时代，怎样秉承古人这些教诲呢？（提示：古代吃的是汤药，可以感受一下温度，现在如果是西药，就不可

以先尝，但端水时要考虑冷热。其实，古人是教诲我们在父母生病时要尽心尽力地照顾）

二　探幽寻胜

1.由"亲有疾，药先尝"的古今做法不同，我们要怎样认识和学习中华优秀传统文化呢？（提示：学习中华优秀传统文化，要抓住它的本质，掌握纲领。我们要学习古圣先贤的孝亲精神，而不是模仿他们的形式。尽孝形式可以因时代而改变）

2.怎样能够使父母不生病、少生病呢？

三　见贤思齐

1.孝心发自对父母真诚的感恩，不要让名利心蒙蔽了自己的孝心。

2.要从对自己父母的孝心中，升起对天下父母的孝心和爱心。

寄语家长

孩子学习孝道，为父母付出的同时，也锻炼了自己做事的能力。家长教孝道，就是给孩子插上成功的翅膀。

缇萦上书

汉文帝四年（公元前176年）的时候，有人上书告发淳于意。因为犯了罪，他被车马押解前往长安执行刑罚。

淳于意的五个女儿跟在马车后面哭泣，他愤怒地骂道："生女儿不生男孩，有了紧急情况都没有可以使用的人！"小女儿缇萦为父亲的话感到悲伤，便跟随父亲西去长安。到了长安她上奏说："我的父亲为官，齐地的人都说他廉洁正直。现在他犯法获罪，按律当处刑。我不但为父亲难过，也为所有受刑的人伤心。一个人砍去脚就成了残疾人，以后就是想改过自新也没有办法。我请愿去官府做奴婢，用身体来替父亲赎罪，好让他有个改过自新的机会。"

汉文帝看了奏书，十分同情这个小姑娘。就在这一年，汉文帝正式下令废除了肉刑。（译自西汉·司马迁《史记·卷一百五·扁鹊仓公列传》）

教导交流

1.读了这个故事，你觉得缇萦是个怎样的孩子？（提示：有孝心，有胆识）

2.缇萦不但为父亲难过，也为所有受肉刑的人伤心，不只是因为这些人受了刑就成了残疾人，还是因为什么呢？（提示：这些受刑的

人失去了改过自新的机会）

二 探幽寻胜

1. 缇萦为什么成为孝道的典范呢？（提示：她不怕千辛万苦，为父申冤的孝心，使她成为孝道的典范）

2. "缇萦上书"在《史记》《汉书》《资治通鉴》中均有记载，这个故事为什么在历史上被广为传颂呢？（提示：缇萦虽然是一个女孩子，但在父亲遇难时能挺身而出，上书感动汉文帝废除肉刑，不仅救出父亲，也帮助百姓免受肉刑之苦。她的孝心与智勇双全的精神令人敬佩）

三 见贤思齐

1. 要看到父母的需要，尽到做子女的责任，让孝心成为自己进步的动力。

2. 要从小培养孝道，用孝心铸就人格风范。

寄语家长

有孝心的孩子会看到父母的期望，树立为家庭、为社会服务的志向，砥砺奋进，励志成才。家长要做的是培养孩子的孝心，使孩子内生动力，主动学习进步。

第十二天

伯俞泣杖

韩伯俞，汉代梁州人。

一次，伯俞有了过错，母亲用手杖打他，他竟哭了起来。母亲惊讶地问："过去用杖打你的时候，没有见到你哭，今天为什么哭了起来？"伯俞回答说："以前儿子犯了过失，挨打感觉很疼痛，就知道母亲很健康。今天母亲打的力量不能让我疼痛，知道母亲年老体弱了，所以伤心落泪。"（译自西汉·刘向《说苑·卷三·建本》）

一 教导交流

1. 母亲责打时，韩伯俞为什么伤心落泪呢？（提示：他感到母亲力量小了，为母亲年老体弱而伤心落泪）

2. 母亲管教孩子本是生活中的小事，为什么这个故事被千古传颂呢？（提示：人们被韩伯俞的孝心所感动，即使在被责打的时候，他也在关注着母亲的身体状况）

二 探幽寻胜

1. 家长教训孩子的目的是什么呢？（提示：要让孩子知道并改正自己的过错。其实家长并不希望也不喜欢责罚孩子）

2. 父母对孩子的责任是什么？（提示：教导孩子做人的道理，用

智慧的爱心建立亲子关系，纠正孩子的不良行为，使孩子健康成长）

三 见贤思齐

1. 在受到父母责罚时，要体察父母的用心。

2. 要能够主动查找改正自己的过失，减少父母的担忧。

寄语家长

　　教育孩子要夫妻配合、恩威并施。要用智慧爱孩子而不是溺爱，要有耐心而不是发脾气，要借鉴前人成功的教育经验而不是随着自己的喜好想法。

第十三天

拾葚供亲

蔡顺，字君仲，西汉汝南人，极为孝顺。

当时正碰上王莽篡乱，收成不好，粮食缺乏。蔡顺就每天出门摘拾桑葚，用两个篮子盛桑葚。一队赤眉军经过，他们好奇地瞧了一会儿，然后问蔡顺说："你采的桑葚也不多，为什么要用两个篮子，还将黑色和红色的分开来呢？"蔡顺大义凛然地回答说："黑色是熟透的，味道很甜，是母亲最爱吃的。母亲身体不好，吃它既可以充饥又可以恢复体力；红色的没有熟透，比较酸，是留给自己的。"

蔡顺说话时神情充满着对母亲的孝敬，而且流露出对母亲的体贴。赤眉军怜悯他的孝心，送给他二斗盐，他接受了却没有吃。（译自东汉·班固等《东观汉记·卷一五》）

教导交流

1.蔡顺孝养母亲最令人感动的地方是什么？（提示：他在母亲的饮食上特别用心）

2.蔡顺为什么不吃赤眉军给的盐呢？（提示：他们的东西可能是抢来的。"君子爱财，取之有道"，蔡顺在生活贫穷的情况下依然坚守着这个原则）

二 探幽寻胜

1.蔡顺分葚供养母亲的细节对我们照顾父母有什么启示呢?（提示：在供养父母饮食方面一定要细心，要根据父母的身体情况选择有利于身体健康的食物）

2.赤眉军为什么没有为难蔡顺，还送给他二斗盐呢?（提示：赤眉军被他的孝心所感动）

三 见贤思齐

1.孝敬父母要在细节上尽心尽力、体贴入微。

2.在困境中更要坚守孝道，坚守做人的原则。

🐦 寄语家长

培养孩子孝心，他才懂得替父母着想，将来才会让父母省心。人生的幸福与孩子息息相关，所以教孝道是家长智慧的抉择。

第十四天

江革负母

东汉时期的江革，字次翁，齐国临淄人。他从小失去父亲，和母亲一起生活。那时正逢乱世，江革背着母亲四处逃难，经历很多艰难险阻，经常以采摘一些食物为生。

建武末年，他与母亲一起回到故乡。每年县里清查户口，江革觉得母亲年老难行，又怕她坐牛车马车行走时摇动颠簸，都会自己驾辕拉车送母亲去，因此乡里称他为"江巨孝"。

元和年中，天子思念江革高尚的品行，下诏给齐国相国说："谏议大夫江革，以前因病回家，现在每天生活怎样呢？孝是各种德行中首要的，是众多善行的开始。国家每次想起志士，没有不想到江革的。所在县以千斛谷物赐给'巨孝'，每年八月要派官员慰问，一直到他去世。"从此，江革"巨孝"的称呼流传于天下。（译自南朝·范晔《后汉书·卷三十九·江革传》）

教导交流

1. 为了减轻母亲坐车时摇动颠簸，江革就自己驾辕拉车。从这里可以看出江革是怎样尽孝的呢？（提示：江革能体察母亲的感受，对母亲体贴照顾）

2. 乡人称江革为"江巨孝"，皇帝也思念褒奖他。江革为什么能

得到大家的敬重和后人的怀念呢？（提示：他身体力行、无微不至地孝敬母亲，成为行孝的榜样）

二 探幽寻胜

1. 从江革驾辕拉车这件事，可以想象到他在生活中更会精心照顾母亲，母亲心中一定很欣慰。在那个年代，物质生活虽然不宽裕，但母子其乐融融，内心也会充满幸福的感觉。这也启示我们要营造幸福人生，应该从哪里起步呢？（提示：反哺报恩，力行孝道）

2. 千百年来，人们以孝道为根本，为营造幸福家庭而不断努力。家庭的和谐幸福能塑造我们怎样的性格呢？（提示：积极、阳光、向上）

三 见贤思齐

1. 要把父母放在心中，时时看到父母的需要。

2. 要在行孝的过程中，体验踏实幸福的感觉。

寄语家长

孝是大众公认的美德。有孝心的孩子在人生道路上会常遇贵人，赢得很多助力。孩子的前程要从小开始规划，这是父母的教育智慧，也是对孩子最大的恩德。

门下孝子

东汉时期有一位黄香，字文强，江夏安陆人。九岁时他的母亲去世，黄香思念至极，致使形容憔悴，被乡里人称赞为孝子。

十二岁时，他的事迹被太守刘护听说，刘护就征召他为自己门下的孝子，并且十分喜爱、敬重他。黄香家境清贫，家里没有仆人，自己亲自操劳家事，尽心照顾父亲。他广泛地诵习经典，深求道德学术，写得一手好文章。京师的人称赞他是"天下无双，江夏黄童"。

元和元年（公元84年），汉章帝特别下诏，命黄香到东观阅览官藏的典籍。

黄香后来告假回到京师时，正逢千乘王刘伉在行加冠礼，章帝在中山王府第，召黄香到殿下，回头对诸王说："这就是'天下无双，江夏黄童'啊！"左右的人没有不对黄香另眼相看的。

后来黄香又被召到安福殿谈论政事，授职尚书郎，任内多次陈述朝政的得失，受到多次丰厚的赏赐。

黄香所写的作品有赋、笺、奏、书、令五种。黄香的儿子叫黄琼，也有传记。（译自南朝·范晔《后汉书·卷八十上·文苑列传》）

一 教导交流

1.太守刘护为什么征召黄香到自己府里做官呢？（提示：乡里人传颂他尽孝的事迹，他的孝行得到大众的喜爱和敬重）

2.黄香在京师时依然得到皇帝的称赞，是因为什么呢？（提示：黄香至孝的行为和品德）

二 探幽寻胜

1."黄香温席"的故事千古流传，自古以来，社会大众为什么会这样爱戴孝子呢？（提示：孝子是懂得知恩报恩的人。孝是一个人根本的品德，会赢得大家的信任与敬重）

2.黄香的孝行成就了品德，他勤奋读书也增长了才能。从黄香的人生成就中，我们看到"德"和"才"有什么关系呢？（提示：正如《资治通鉴》中所说："才者，德之资也；德者，才之帅也。"才是德的辅助，德是才的统帅。人生要德才兼备，以德为先）

三 见贤思齐

1.要谨记父母恩，从小在家庭中践行孝道。

2.要让孝道成就品德，让品德统率才能，德才兼备，恩报家国。

寄语家长

父母从小培养孩子的孝心，不只是享受孩子反哺报恩的愉悦，更是为了成就孩子无往而不利的德行。教导孩子孝道，就是为孩子书写一张辉煌的名片。

第十六天

郭伋守信

　　东汉的郭伋在并州任职时，有一次巡察途经美稷县，当地的孩子闻讯后，自发地聚集到一起欢迎他。郭伋不知情，就问："小朋友，你们这是干什么呀？"孩子们回答说："听说使君来到，我们很高兴，所以来欢迎。"郭伋表示感谢。

　　等到事情办完了，孩子们又把他送到城外，问"使君，您哪一天能回来呢？"郭伋叫随从计算日程，告诉了他们。等到巡视回来，比约定日期早了一天。郭伋怕失信于孩子们，于是在野外亭中留宿了一夜，等到约定的日期才进城。

　　郭伋就是这样言而有信的人。（译自南朝·范晔《后汉书·卷三一·郭伋传》）

▬ 教导交流

　　1. 郭伋为什么对孩子们也要守信呢？（提示：诚信是一个人最基本的品德，童叟不欺就是对自己的严格要求）

　　2. 这个故事告诉我们什么道理？（提示：要努力做到守信，成就自己的品德）

二 探幽寻胜

1. 诚信会给人带来什么好处呢？（提示：诚信是立人之本，讲诚信的人才能受欢迎，才能在社会上立足并有所作为；诚信是交友之基，与朋友交往言而有信，才能得到朋友的信任与友情；诚信是经商之魂，是企业家的一张"金质名片"；诚信是心灵良药，只有做到真诚无妄，才能使内心无愧，坦然宁静，给人生带来最大的精神快乐）

2. "人无信不立"，怎样培养诚信的品德呢？（提示：诚信的品德首先是在家庭中学习养成的。父母首先要给孩子树立诚信的榜样，做到言行一致；其次要从小学习中华优秀传统文化，培养良好的品行）

三 见贤思齐

1. 要严格要求自己信守承诺，童叟不欺。
2. 待人处世要真诚、老实、讲信誉。

寄语家长

父母做到言而有信，才会得到孩子的信服和尊敬，才能建立良好的亲子关系。

第十七天

王烈遗布

东汉人王烈，字彦方，太原人。他青年时曾在陈寔门下学习，凭借品德高尚闻名乡里。

一次，有个盗牛的人被牛的主人抓住，盗犯向其认罪说："判刑杀头我都心甘情愿，只求不要让王彦方知道这件事。"王烈听说后派人去看望他，还送给他半匹布。有人问这是为什么？王烈说："盗牛人怕我知道他的过错，说明他有羞耻的心。他已经心怀羞耻，一定能够改正错误，我这样做正是为了鼓励他改过。"

后来，有个老汉在路上丢了一把剑，一个过路人见到后就守候在剑旁。直到傍晚，老汉回来寻剑，得到了遗失的剑，觉得奇怪就询问他的姓名，并将这件事告诉了王烈。王烈派人查访守剑人是谁，原来就是那个盗牛的人。（译自南朝·范晔《后汉书·卷八十一·王烈传》）

教导交流

1.王烈以品德高尚著称乡里，盗牛的人不愿让他知道自己偷盗的事，是因为他有怎样的心？（提示：羞耻心）

2.盗牛的人能够改过，是因为什么？（提示：自己的羞耻心和王烈的鼓励）

二 探幽寻胜

1.孔子说"知耻近乎勇"，这句话对我们有什么启示呢？（提示：一个人只有懂得羞耻，才能自省自励，奋发图强。如果放任自己的坏习惯，就很难进步）

2.羞耻心对于保护自己有怎样的作用呢？（提示：我们有羞耻心，一起恶念就会警觉，这种惊恐的态度会督促自己马上停止恶的行为，进而改正这个行为）

三 见贤思齐

1.要让自己的羞耻心督促自己不断改正错误，奋发向上。

2.要以不能成圣成贤为耻，自律自强，不断提升自己的善心善行。

寄语家长

家长要教导孩子从小学习中华优秀传统文化，让孩子学会做人，知是非、明荣辱，自觉地为善去恶、积极向上。

第十八天

杏林春暖

东汉时有个神医董奉，字君异，福建侯官人。

董奉曾长期隐居在江西庐山南麓，每天为山民诊病疗疾。他在行医时从不索取酬金，每当治好一个重病患者时，就让病人在山坡上栽五棵杏树；看好一个轻病患者，就栽一棵杏树。

几年之后，庐山一带的杏林达到十万多株。杏子成熟后，董奉又将杏子变卖换成粮食，用来赈济庐山贫苦的百姓和南来北往的饥民，一年之中救助的粮食达两万多斛。

董奉行医济世的高尚品德，赢得了百姓的普遍敬仰。后人常以"杏林春暖"或"杏林周满"作为颂扬良医的词语。（译自宋·李昉《太平广记·卷十二》）

一 教导交流

1. 董奉行医"几年之后，庐山一带的杏林达到十万多株"，可见董奉医术怎样呢？（提示：医术高明）

2. 杏子成熟后，董奉将杏子变卖成粮食赈济百姓和饥民。从这里可以看出董奉拥有怎样的品德？（提示：仁爱的品德）

二　探幽寻胜

1. 董奉为什么能够赢得百姓的普遍敬仰呢？（提示：董奉医术高明、医德高尚，而且以仁爱之心助人）

2. 董奉以自己的德行赢得了世人及后世的敬仰。这也启示我们怎样开辟有意义的人生呢？（提示：守好自己的本分，提升自己的能力和品德修养，以仁爱之心做利于社会大众的事）

三　见贤思齐

1. 要追求品德和技艺才能的共同进步。

2. 要培养仁爱的品德，让自己的才能造福社会。

寄语家长

叩启孩子的纯洁天性，培养孩子的仁爱之心，是成功父母的教育智慧。培养孩子的德行善举是父母唯一不败的"投资"。

第十九天

孔明遗风

诸葛亮，字孔明，三国时期蜀汉丞相，琅琊郡阳都县人。

章武三年（公元223年）春，刘备在永安病危，将诸葛亮从成都召来，托付后事。他对诸葛亮说："你的才干胜过曹丕十倍，一定能安定国家，完成统一大业。如果刘禅可以辅佐，你就辅佐他；如果他无才能，你就取而代之吧。"诸葛亮痛哭着回答："臣愿竭尽心力辅佐太子，献出自己的忠诚节操，鞠躬尽瘁，死而后已！"刘备又诏告刘禅："你与诸葛丞相共掌国事，一定要像对待父亲那样对待他。"

之后，刘禅封诸葛亮为武乡侯，设立丞相府署，全权处理国事。不久，又让诸葛亮兼任益州牧。朝中事无巨细，都由诸葛亮一人裁决。当初，诸葛亮曾向后主表明自己的心愿："臣在成都有桑树八百棵，薄田十五顷，子孙们的日常衣食费用已有宽余。至于臣在外任职，没有额外的花费安排，随身衣服饮食全有国家供应，无须再置其他产业来增添家财。待臣离开人世时，不让家里有多余衣物，外面有多余钱财，使自己辜负陛下的恩宠和信任。"他去世的时候，果然像他说的一样清贫。（译自晋·陈寿《三国志·蜀志》）

教导交流

1.故事中详尽地列出了诸葛亮一生的产业，这和他身为丞相的地

位比较，显示出他怎样的品德呢？（提示：廉洁）

2.唐代诗人杜甫在《蜀相》中写道："三顾频烦天下计，两朝开济老臣心。出师未捷身先死，长使英雄泪满襟。"后世对诸葛亮如此敬仰，他有哪些品德呢？（提示：诚、公、忠、信、廉洁、谨慎、宁静、淡泊等）

二 探幽寻胜

1.诸葛亮有德有才。刘备在永安病危时，向诸葛亮托付后事。刘备更看重诸葛亮哪方面呢？（提示：品德）

2.诸葛亮在《诫子书》中说"非淡泊无以明志，非宁静无以致远"，意思是，一个人须恬淡寡欲方可有明确的志向，须寂寞清静才能达到深远的境界。又说"夫学须静也，才须学也"，意思是，学习必须静心专一，而才干来自勤奋学习。从这两句话中，我们获得哪些增进学业的启示呢？（提示：要节制自己的各种欲望，要静心专一、勤奋学习）

三 见贤思齐

1.要树立远大理想，努力实现自己的价值。

2.守住一颗宁静的心，学会过节俭的生活，懂得节制自己的欲望，不断追求人生的高境界。

寄语家长

要教育孩子远离不良嗜好，不要纵容孩子追求物质生活享受。志存高远、静心专一、勤奋学习，才能取得进步。

第二十天

望云思亲

唐朝的狄仁杰被推荐担任并州的法曹参军。他的父母住在河阳，他登上太行山，回头远望，看见一片白云在空中飘飞，便对身边的人说："我父母就住在白云的下面。"狄仁杰仰望叹息了很久，直到白云移了位置才离开。

同在知府的参军郑崇质的母亲年迈多病，又恰好该他出使远方。狄仁杰对他说："怎么能让你的老母亲万里之外思念你呢？"于是，向长史蔺仁基申请代替郑崇质前往。蔺仁基赞叹他们的情谊。

这时，蔺仁基正与司马李孝廉不和，便相互告诫说："咱们应当觉得有点惭愧了。"于是，蔺仁基和李孝廉相处得像当初那样好了。

（译自《旧唐书·卷三十九·狄仁杰传》）

教导交流

1.这个故事告诉我们怎样的做人道理呢？(提示：人应该常怀孝心，即使身在异乡也不要忘了父母亲人)

2.郑崇质母亲年迈多病，狄仁杰申请代替他出使远方。他为什么能够这样做呢？（提示：他有孝心，而且能够将心比心，把对自己母亲的孝心推广到别人的母亲身上）

二 探幽寻胜

1.狄仁杰从小家境贫困，勤奋好学，后来做了丞相。他为官清廉，秉政以仁，朝野上下都很尊敬他。结合"望云思亲"这个故事分析一下，他为什么能做到这些呢？（提示：他因为有孝心，不想让父母为自己担忧蒙羞，就会时刻警诫自己要为官清廉；也是因为有孝心，才能够把对父母的孝心推广到百姓身上，做到了秉政以仁。一个人有这些品德修养，自然能获得朝野上下的尊敬）

2.狄仁杰的故事启示我们怎样才能够德才兼备、有所作为呢？（提示：从小培养孝心、仁爱心）

三 见贤思齐

1.不在父母身边时，要把父母的嘱托放在心上，警诫自己不做让父母担心的事。

2.由孝心培养仁爱心，关爱他人，勇于奉献。

寄语家长

孝子能够以感恩、恭敬的心对待父母，当他步入社会，这种由孝生发的恭敬态度和仁爱之心会促使他把事情做好，得到大家的爱戴，为自己赢得更多的机会和更好的发展空间。

三槐堂主

北宋时期大臣王佑，字景叔，大名莘县人。

符彦卿镇守大名的时候，由于治理不当，太祖决定用王佑代替他，让他观察符彦卿的动静。王佑用全家性命来担保符彦卿没有罪，并且说："五代的国君，大多因为猜忌而斩杀无罪的人，所以国家的年数不长，希望陛下引以为戒。"符彦卿因此获得免罪，所以世人说王佑有暗中帮助人的品德。

王佑亲手在庭院里种植了三棵槐树，说："我的后世子孙将来一定有位列三公的人。"后来他的儿子魏国文正公王旦，在真宗皇帝景德、祥符年间做了宰相，当时朝廷政治清明，天下太平，他享有福禄荣耀十八年。

王旦幼年时沉稳文静，爱好学问，有文采。王佑非常器重他，说："这孩子将来会当卿相。"王旦在太平兴国五年（公元980年）考中进士，担任大理评事、平江县知县，后来晋升殿中丞，任郑州通判。真宗即位，王旦被授予中书舍人的职务。王旦有一次向皇帝上奏，退下来的时候，皇帝目送着他说："帮助我实现太平的，一定是这个人啊。"

寇准多次反映王旦的短处，王旦却总是称赞寇准。皇帝对王旦说："你虽然称赞寇准的优点，而他总是反映你的过错。"王旦说："道理本来就是这样。我在宰相的位置上时间久了，处理政事的过失必然

会多。寇准对陛下没有任何隐瞒，更体现了他的忠心与正直，这就是我看重寇准的原因。"皇帝因此更加认可王旦贤能。（译自《宋史·卷二六九·王佑传》《三槐堂铭》《宋史·卷二八二·王旦传》）

一 教导交流

1. 在周代，槐树象征着渊博的学问和崇高的地位，槐树上的荆棘则代表着正直的品格。周代宫廷外种槐树三棵，百官朝见天子时三公面对槐树而立。后世便以"三槐"代指"三公"一类的官职。王佑赴襄州任前在宅院内栽种了三棵槐树，表达了怎样的期望呢？（提示：这是借"三槐"的寓意，表达对后代子孙兴盛发达、有所作为的期望）

2. 三槐堂成为王佑一支的堂号。后来，三槐王氏成为整个王氏大家族中繁衍最大的一支，闻名天下，枝繁叶茂。故事中提到世人说王佑具有什么品德呢？（提示：王佑有暗中助人的品德）

二 探幽寻胜

1. 宋代的苏轼在《三槐堂铭》中称赞王佑"文武忠孝"，人们见到少年王旦气度不凡，称他"颇有乃父之风"。王旦能够得到父亲的器重，实现父亲种植三槐时的心愿，是因为什么呢？（提示：王旦受到父亲高尚的道德和家风的影响。他出生在这样德范高超的家庭，古圣先贤的德行令他敬慕，长辈的风范在他身上得到了潜移默化的传承，成就了他的沉稳、勤奋好学和博大的胸襟）

2.《三槐堂铭》中说王旦做宰相时"朝廷清明，天下无事之时，享其福禄荣名者十有八年"。王旦享有福禄荣耀十八年，从他与寇准的故事中可以看出王旦怎样的德行呢？（提示：王旦为人气量宽宏，做

官清正廉洁，做事公而忘私）

见贤思齐

1. 要有自己的做人操守和行事原则，宽厚无私，实事求是。

2. 要发自内心地做有利于他人的事，不去炫耀。

寄语家长

　　好家风是孩子成人成才的沃土。家长行孝的过程就是在培养孩子的孝心，就是在树家风。孝道传承、家风传承，就是真正为子孙后代谋福利。

第二十二天

布衣宰相

北宋时期的政治家、宰相范纯仁，字尧夫，父亲范仲淹去世后才出来做官。

凡是举荐人才，纯仁一定凭天下公众的议论来举荐，但那些人并不知道自己是纯仁所推荐的。有人说："担任宰相，怎么能不罗织天下的人才，使他们知道是出自自己的门庭之下呢？"纯仁说："只要朝廷用人不遗漏正直的人，为什么一定要让他知道是我所推荐的呢？"

纯仁的性格平易宽厚，不以疾言厉色对待别人，但符合道义的就坚持原则，一点也不屈从。从布衣到宰相，他廉洁勤俭始终如一。他常常告诫子侄辈说："即使是愚笨到了极点的人，要求别人时却是明察的；即使是聪明人，宽恕自己时也是糊涂的。如果能用要求别人的心要求自己，用宽恕自己的心宽恕别人，不用担心自己不会达到圣贤的境界。"（译自《宋史·卷三一四·范纯仁传》）

教导交流

1. 从范纯仁的话中可以看出他怎样的道德修养呢？（提示：一心为国家为人民，不为自己谋私利）

2. 范纯仁是范仲淹次子，一生践行着父亲的志向。范仲淹在《岳阳楼记》中表露了怎样的志向呢？（提示："先天下之忧而忧，后天

下之乐而乐"，意思是，在天下人忧虑之前先忧虑，在天下人快乐之后才快乐）

探幽寻胜

1.范仲淹在上饶时，范纯仁奉父命到苏州去运粮食。范纯仁那时还是少年，粮船回途中，停靠在丹阳，见到了前辈石曼卿。范纯仁急忙上前请安，问他怎么停留在这里？石曼卿回答说："逢亲之丧，无力运灵柩回家，正在这里徘徊。"范纯仁听了，大为悲怆，将一船粮食全送给了石曼卿，以资丧事费用。范纯仁回家后，不知道如何向父亲交差，范仲淹见儿子站在一旁，似有心事，就问儿子："你这次到苏州运粮，途中有什么事吗？"范纯仁说："我在丹阳碰到石曼卿了，他因为丧事，无力运灵柩回乡，耽搁在丹阳。我看他好可怜，真是求告无门啊！"范仲淹问儿子："那你为什么不把那船粮食送给他呢？"范纯仁听了父亲这话，悬着的心才放了下来，他恭恭敬敬地回答说："正如父亲大人所愿，我已经这样做了。"在家风传承上，我们从这一则逸事中看到什么？（提示：范纯仁继承了父亲的志向，传承了乐善好施的家风）

2.范仲淹年轻时家境贫寒，过着非常艰苦的生活。当他苦读及第，授广德军司理参军，就把母亲接来奉养，并在乡族中设置义庄，用以赡养族人。他一生出将入相几十年，非常节俭，却对人好施与，拿出钱来兴办义学、义田。范仲淹年老的时候，他所有的钱连丧葬费都不够，但是他的四个儿子分别做了宰相、公卿和侍郎，而且个个都德高望重，能够继承父亲的遗志，舍财救济众人。几百年来，范家子孙代代出人才，兴旺发达。范家的发展给我们什么启示呢？（提示：父母立身行道，

树立家风，子孙能够传承，家道就会兴盛）

三 见贤思齐

1.父母树立好家风，这是留给子孙真正的财富。

2.孩子传承好家风，实现父母的心愿，构筑"幸福港湾"。

寄语家长

走古圣先贤的人生道路，树家风、传家道，就是为子孙后代谋福利。范仲淹对母亲、族人的孝养和无私的善行义举影响下的子孙成就，让我们看到中华好家风的传承。

第二十三天

东坡卜居

北宋建中靖国年间，苏东坡从海南岛回北方，择居阳羡。当地的读书人和官员有所顾忌，不敢与他交往，只有读书人邵民瞻拜东坡为师，向他学习。东坡也很喜欢这个人，时常和他一起拄着拐杖走过长桥，游赏山水。

邵民瞻替东坡买了一栋房子，花了五百缗钱，东坡掏光所有积蓄也只能勉强应付而已。搬入新居一天晚上，苏东坡和邵民瞻在月光下散步，不经意到了一个村里，听到一位老妇人悲伤的哭声。东坡靠近倾听，说："奇怪了，这妇人为什么哭得这么悲伤呢？难道有难以割舍的大事伤了她的心吗？我要问一问她。"于是和邵民瞻推门进去，看见一位老太太，老太太看到东坡二人仍旧像原先一样哭泣。东坡问老太太为什么这么哀伤？老太太说："我家有一栋房子，已相传百年，一直保存到现在。但是我的儿子不孝顺，把这所宅子卖给了别人。我今天搬到这里，上百年的老房子，一下子失去，怎么能不心痛呢？这就是我痛哭的原因。"东坡也为她感到非常难过，问她的老房子在哪里，原来竟是邵民瞻用五百缗买到的那一栋房子！于是东坡再三安慰老太太，并且慢慢对她说："您的房子是被我买了，您不必太难过，我理当将这房子还给您。"于是就令人拿来屋契，在老太太面前烧了。同时叫她儿子第二天迎接母亲回老屋去，最后也没向她讨回买房的五百

缗钱。

从此以后，苏东坡就回到毗陵，没有再买房子，而是借顾塘桥孙氏的房子暂时住着。（译自宋·费衮《梁溪曼志·东坡还宅》）

■ 教导交流

1. 苏东坡为什么烧掉屋契，并叫老太太的儿子接母亲回老屋呢？（提示：他同情老太太的处境，给老人安慰）

2. 苏东坡烧屋契的行动，表现出他怎样的内心世界？（提示：仁爱）

■ 探幽寻胜

1. 元祐四年（公元 1089 年），苏东坡任龙图阁学士知杭州。由于西湖长期没有疏浚，淤塞过半，湖水逐渐干涸，严重影响了农业生产。苏东坡来杭州的第二年率众疏浚西湖，开除葑田，恢复旧观，并在湖水最深处建立三塔作为标志。他把挖出的淤泥集中起来，筑成一条纵贯西湖的长堤，以便通行，后人名之曰"苏堤"。这件事反映出苏东坡怎样的思想？（提示：忧国爱民）

2. 绍圣四年（公元 1097 年），年已 60 岁的苏东坡被贬儋州。他在这里办学堂，兴学风，以至许多人不远千里追至儋州，跟从东坡学习。在宋代此前 100 多年里，海南从没有人进士及第。但苏东坡北归不久，这里的姜唐佐就举乡贡。为此苏东坡题诗"沧海何曾断地脉，珠崖从此破天荒"。人们一直把苏东坡看作是儋州文化的开拓者、播种人。在儋州流传至今的东坡村、东坡井、东坡田、东坡路、东坡桥、东坡帽等，表达了人们对苏东坡怎样的感情呢？（提示：崇敬、缅怀）

三 见贤思齐

1.要学会关爱他人，从身边的人和事做起，给大家力所能及的帮助。

2.要理解奉献的价值，体会助人的快乐，努力为社会大众谋福祉。

寄语家长

　　家长培养德才兼备的孩子，孩子将来在从事本职工作时也会心存仁爱，处处体现出利人的品德而受人爱戴，这就是人生成就之道。

第二十四天

程门立雪

  杨时，字中立，北宋哲学家、文学家，南剑州将乐县人。他幼年时特别聪明，能做文章，稍长大以后潜心于经典史书，熙宁九年（公元 1076 年）考中进士。河南人程颢与弟弟程颐讲授孔子、孟子的学术精要，河、洛一带的读书人都集结那里拜他们为师。

  杨时到洛阳拜师程颐时，大概已有四十岁了。有一天去见程颐，程颐正在闭目休息，杨时侍立于门外一直没有离开。程颐醒来后，发现门外下雪已深至一尺了。后来，杨时的德行和威望一日比一日高，四方之士不远千里与他交游，他自号为龟山先生。（译自《宋史·卷四二八·杨时传》）

一 教导交流

  1. 这个故事现在多用于称赞什么精神？（提示：尊师重道）

  2. 当时杨时并不是无名的少年，但到了程颐家宁肯冒着大雪等待也不离开。他为什么能做到这一点呢？（提示：他对老师、对求学、对做学问这些事有"敬"的态度）

二 探幽寻胜

  1.《何氏家训》中说："子弟读书之成否，不必观其气质，亦不必观其才华，先要观其敬与不敬，则一生之事业概可见矣。"一个人无论求学还是做事，为什么"敬"的态度决定了他的成败呢?（提示:"敬"是一种智慧的人生态度。有了"敬"才能虚心接受师长的教导，才能宽容，才能认真，才能不断进步）

2.孝亲尊师是为人的根本，是成才的关键，是人生最重要的教育。要做到孝亲尊师就要有"敬"的态度，这个态度是怎样养成的呢?（提示:恭敬的态度是从小在家庭中养成的。孩子对父母有孝心，就能恭敬父母尊敬老师）

三 见贤思齐

1.要在日常生活中培养自己对父母的恭敬心。

2.要从对父母的孝心中升起对师长及一切人、事、物的恭敬心。

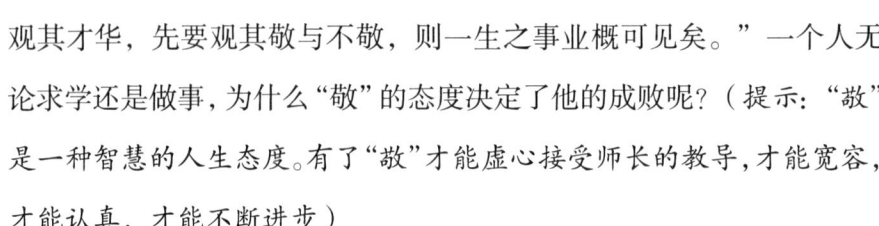

寄语家长

学贵立志。孩子对父母有孝心、报恩心，就会努力实现父母的心愿，主动学习进步。培养孩子孝心就是教育成功的捷径。

第二十五天

庭坚侍母

黄庭坚，字鲁直，北宋时期洪州分宁人。

黄庭坚性情至孝，母亲病了一年，他日夜服侍母亲，衣不解带。母亲去世后，黄庭坚造房子在墓旁守孝，哀伤致病，几乎丧命。丧服期满后，他担任秘书丞，兼国史编修官。绍圣初年，黄庭坚出任宣州知州，后又改任鄂州知州。

黄庭坚才华横溢，著称于世。陈师道说他的诗得法于杜甫，学杜甫而又不模仿杜甫。他擅长行书、草书，楷书也自成一家，与张耒、晁补之、秦观游学于苏轼门下，被天下称为"四学士"。黄庭坚在文章方面尤其擅长诗歌，四川和江西的君子士大夫都认为黄庭坚可比苏轼，所以称他们为"苏黄"。苏轼做侍从官时，曾举荐黄庭坚代替自己，推荐词中有"瑰玮之文，妙绝当世；孝友之行，追配古人"的话，可见他对黄庭坚很看重。（译自《宋史·卷四四四·黄庭坚传》）

━ 教导交流

1. "庭坚涤秽"的故事千古流传，具体情节是什么呢？（提示：黄庭坚的母亲有特别讲究卫生的习惯，因为那时候的房子里没有卫生间，夜里通常准备一个应急的便桶。黄庭坚为了防止仆人的卫生清洁让母亲不满意而心生烦恼，就坚持每天亲自为母亲刷洗便桶，数十年如一日，

从不间断）

2. 黄庭坚每天忙完公事回来，一定会陪伴在母亲身边，精心侍候，事事达到母亲满意。家里虽有仆人，他却不辞劳苦亲自照顾母亲的生活点滴。曾经有人问："您身为高贵的朝廷命官，又有仆人，为什么要亲自做这些杂细的事务，甚至还亲手刷洗便桶呢？"黄庭坚回答说："孝顺父母是我的本分，怎么能让仆人代劳呢？孝敬父母是出自一个人对父母至诚感恩的心，怎么会有高贵与卑贱的分别呢？"黄庭坚的回答给我们什么启示呢？（提示：孝是做儿女的应尽的本分，与自己的身份地位无关，没有人能够代替）

二 探幽寻胜

1. 黄庭坚自幼聪颖，23岁考中进士，历任国子监教授、太和知县、秘书丞等职，是北宋著名文学家、书法家。黄庭坚的父亲黄庶庆历二年考中进士，有《伐檀集》传世。他的曾祖父黄中理创办了樱桃书院和芝台书院，推行"百行之首，以孝为先"的传统文化，把孝道奉为中国文化的重要内容和为人处世的行为准则。黄中理曾主持制定《黄氏家规》，强调对待祖宗犹如水木之源，不可忘也；对待父母犹如天地之大，务宜孝也；对待兄弟犹如连枝之人，须互助也；对待邻里犹如唇齿之依，必相敬也。黄庭坚的成就与家风家教有什么关系呢？（提示：曾祖父提倡的家风家教，涵养了黄庭坚的德行与才艺。传承中华好家风，才能培养出优秀的孩子）

2. 黄庭坚在家孝顺父母，为官时报效朝廷、造福百姓，并通过书法和文学作品彰显着古圣先贤的德行风范，影响着后人。黄庭坚为官和文学艺术上的成就与他的孝心孝行有什么关系呢？（提示：黄庭坚

至诚的孝心及敦厚的品行推广到百姓身上就是为官清正廉明。他的孝心成就美德，形成纯正的思想，成为他文艺创作的源泉）

三 见贤思齐

1.尽孝时要了解父母的生活习惯，亲力亲为。

2.要立身行道，培育好家风，营造优良育人环境。

寄语家长

在中华民族五千多年文明发展进程中孕育的中华优秀传统文化，蕴含着丰富的教育智慧，能为家长教育孩子提供宝贵的经验。

中篇

报得三春晖

第二十六天

我与父母本一体

1998 年 6 月 22 日

我喜欢下雨，雨能带来回忆。

望着远处黑黑的雨夜，"卖豆腐……卖豆腐……"的吆喝声回荡在耳际。

窗外路灯下的夜雨化为儿时母亲拉着我在雨中向一个挑担的老人买豆腐的情形，仿佛又听到父亲呼唤我们不要淋湿了衣服。

我在雨夜回到了孩童时代，美好而温馨……回头猛然看到瘫痪的父母，时光荏苒，今已非昔，温暖还在，泪水滂沱。

我明白照料父母的机会不多了，眼前是不可等待的陪伴。

2002 年 3 月 10 日

今天用轮椅推着母亲买菜晒太阳。在家属院大门处，一群正晒太阳的老太太围了上来，她们说，母亲有个好儿子。母亲流着泪说："没有儿子我早没了。"

我听了也想流泪，如果没有母亲，哪里有我这个儿子。我没感觉我做了什么，只是尽做儿子的本分而已。

《忠孝家国情》选读

 感　悟

1. 第一则日记描绘了什么场景？（提示：描绘了"我"少儿时期在雨中买豆腐、父亲担心"我"淋雨的一个生活场景，普通而温馨，令人回味无穷。画面中，"我"与父母密不可分，融为一体）

2. 以上情景融入了"我"怎样的情感呢？（提示：童年时光如诗如画，有父母的关爱，显得格外幸福美好。那些记忆中的美好场景令人永远难忘，回忆中充满"我"对美好童年的怀念和对父母的感恩）

3. 因为父母爱的呵护，童年的时光无忧无虑十分美好。在你的童年生活中，有没有哪个普通而温馨的场景，给你留下了不可磨灭的印象？

4. 在第二则日记中，家庭的幸福又表现在哪里呢？（提示：时光流转，"我"长大了，父母老了且瘫痪在床，"我"和父母的角色发生了转换。由于"我"的反哺报恩，陪伴父母左右，家庭的幸福在延续）

明　理

1. 讲解

我们都在父母的呵护中长大。父母对孩子的爱深沉而伟大。相信那些幸福的点滴都永远留在了我们的记忆里。随着我们一天天长大，有了自己的家庭与事业，但在追求自己向往的东西的同时，别忘了像小时候那样亲爱父母。

自古以来，古圣先贤教导人们要行孝道，就是希望每个人都能延续儿时的温情，让整个人生充满幸福。

2. 思考

西汉史学家司马迁在《史记》中说："父母者，人之本也。"怎

样理解"父母是人生的根本"呢?(提示:父母给了孩子生命,倾尽所能给孩子提供成长所需的条件,培养孩子成才,让孩子在人生的道路上有一个幸福的前程。等到孩子长大,父母渐渐老去,需要子女的帮助和陪伴,反哺报恩、孝养父母是人生中最根本、最重要的美德)

三 交 流

1. 反思

日记的作者始终把孝养父母作为人生中最重要的事,时时刻刻想着父母。你有没有把父母当成最重要的人,关心父母,不去伤了父母的心呢?

2. 引申

孩子的身体来源于父母,孩子的一举一动都与父母息息相关,所以说"我与父母本一体",推而广之,我们与天地万物也是一体。几千年来的中国人接受古圣先贤的教诲,"天为父,地为母",懂得爱护大自然。在爱护大自然这一方面,你是怎么做的呢?(提示:不踩踏花草、关心小动物、不乱丢垃圾、学习垃圾分类知识、物尽其用,等等)

3. 分享

"武梁祠"老莱子画像的榜题上写道:"老莱子,楚人也,事亲至孝,衣服斑连,婴儿之态,令亲有欢,君子嘉之,孝莫大焉。"老莱子的故事在民间广为流传,且历史悠久。老莱子行孝的做法,就是千方百计让高寿的父母享受到生活的愉悦,希望永远保持像婴儿和父母相处的那种令人愉快幸福的感觉,使得父母常葆青春之态。在家庭中,让父母心情愉快,你有什么妙招吗?

四 知行合一

1. 我们要用心体会父母的辛劳与付出，要对父母生起感恩心，用孝心营造幸福生活的场景，让父母获得幸福感。

2. 在日常生活中，我们要多做一些让父母开心的事情。比如在日常生活中，孝顺父母，爱护兄弟姐妹；在日常生活行为中要小心谨慎、讲信用；与人相处时平等博爱，并且亲近有仁德的人，向他们学习；好好学习文化知识，增长为家庭、社会服务的本领。

亲恩似海深无边

姥姥听说母亲病重，就慌忙在寒冷的"小雪（节气）"赶到了洛阳城里。姥姥追问母亲什么病，生气地责怪母亲为什么隐瞒病情，天天还干重活儿？

母亲只是笑，姥姥真生气了，回老家后不再接受女儿的一分钱了，让女儿先治好自己的病。

母亲病情缓解后，姥姥才又来到城里，要亲自瞧瞧母亲的腿是不是还浮肿，她自己在担惊受怕中也病重了。

进城半月后，姥姥的病情不见好转，反而越来越严重，她坚持回老家。

冬月的天太冷了，姥姥临走前，将自己一生最值钱的旧皮袄留给了母亲。

《忠孝家国情》选读

感 悟

1.姥姥知道母亲的病情后有哪些举动呢？（提示：冒着严寒来看望，不再接受母亲的钱，亲自查看病情好转情况）

2.姥姥在担惊受怕中也病重了，她为什么坚持回老家呢？（提示：姥姥想放弃自己的生命，省下治病的钱给母亲治病）

3.人间最悲伤的事是生离死别，一边是母亲，一边是姥姥，都想以自己的死支撑起对方的生。旧皮袄在母女生命之间演绎出了怎样的情感？（提示：珍贵和沉重的母女情）

4.当年的那件旧皮袄被博物馆收藏了，至今还在。博物馆的人说，旧皮袄的故事是中国家风传承最真实的案例。上辈人为下辈人可以放弃生命，这就是中国人的爹和娘。回首我们与父母之间那些难忘的往事，感动之余，你更应该做些什么呢？

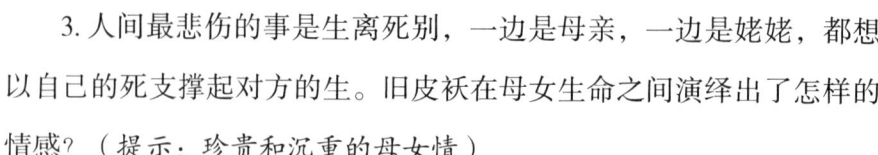

明 理

1.讲解

父母赐予我们生命，养育教育我们成人成才。在成长的过程中，我们的生命里都倾注了父母无尽的爱。

回顾我们的人生历程：

十月怀胎，母亲身体日渐沉重，茶饭不思、昼夜难眠，还想尽办法呵护胎儿的健康成长。

分娩的时候，母亲忍受着极大的痛苦，还是牵挂着胎儿平安降生。

孩子出生后，父母给予全方位的关爱，不分昼夜地照顾，再苦再累也心甘情愿。

孩子婴幼儿时，经常尿湿衣被，在过去没有尿片、纸巾的时候，父母总是把孩子移到干爽处，自己睡在又湿又冷的地方。

春秋之际，夜晚寒凉，父母经常起身查看孩子的被子是否盖好，自己没有睡好也毫无怨言。

孩子吮吸母亲的乳汁成长，被父母的爱所滋养。父母的养育之恩，在点点滴滴，在日日夜夜，在时时处处。

从孩子出生后，父母每天多次为孩子洗澡、擦身、换衣裤。日复一日，母亲原来红润光滑的青春面孔因日夜操劳而憔悴；纤纤玉手因频繁洗涤而变得粗糙……

当我们长大了，或求学或工作而远走他乡，父母更是早晚悬念，牵肠挂肚。

父母付出一生的辛劳，就希望我们一生平安、健康、幸福、美满。父母对儿女的爱是这样的永恒、无私、博大、真诚……这份爱，播撒在人生岁月里，点点滴滴，言之不尽，又怎能报答得了？

2. 思考

《诗经》中说"父兮生我，母兮鞠我，拊我畜我，长我育我，顾我复我，出入腹我。欲报之德，昊天罔极"。父母生育养育我们，一直爱护、教育、关怀着我们，父母的恩德比天还大啊！我们应该怎样对待父母呢？（提示：要常常静下心来，细心回想、感受父母的恩德，常怀感恩，常思报答，尽到作子女的责任，不负为子女之道）

三 交 流

1. 反思

我们从呱呱坠地到牙牙学语、健康成长，父母的付出很多很多。在我们青少年时期要以怎样的具体行动报答父母恩呢？（提示：认真学习做人的道理和文化知识，努力提升自己德行和学业成绩）

2. 引申

如果我们喜欢沉溺在游戏等自己的嗜好中，想着长大了以后再孝养父母，结果会怎样呢？（提示：放纵欲望就会不断增长自私自利心，孝心就越来越淡化了，怎么能够好好地尽孝呢）

3. 分享

把一个鸡蛋带在身边，精心呵护它一小时，体会一下妈妈的怀胎不易，与大家分享一下吧。

四　知行合一

1. 我们对于父母的教导和要求，要能理解父母的良苦用心，感知父母恩。

2. 我们要从小学会关心、照顾父母，以力所能及的行动反哺报恩；从小学习中华优秀传统文化，让我们在古圣先贤的指引下更好地尽孝心、践行孝道，使父母每一天都生活得快乐幸福。

第二十八天

知恩报恩不忘本

1970 年 5 月 11 日

我转身回家，迎面看到母亲头裹粗布巾，拿着护眼罩，也向石灰窑走去。

我忙跑向前问："妈，干啥去？"母亲拍拍我的头，说："妈妈去砸石头。"

这种活儿不仅危险还没面子，可是现在没有火车皮可装卸了，母亲为了给姥姥买药又要去砸石头了。

我用乞求的眼睛望着母亲："妈，您别……"

春风里母亲露出轻松的笑容，回身拉我的手说："你姥爷1956年就去世了，姥姥年轻时很漂亮，为了妈妈她没再嫁人，姥姥现在孤独一人，妈妈能不用命挣钱救姥姥吗？"

我望着母亲浮肿的脸，想着夜里母亲病痛的呻吟声，心里好纠结。

《忠孝家国情》选读

一 感 悟

1.这篇日记写了一件什么事呢？（提示：妈妈不顾身体、放下面子，用生命行孝报恩）

2.母亲每天带病干体力活挣钱为姥姥看病，一定很累，为什么却"露

出轻松的笑容"呢？（提示：母亲活在孝与报恩的心境中，内心充实而幸福，表情自然就愉悦了）

3.母亲每天行孝报恩的行动会对"我"产生什么影响呢？（提示：激发了"我"的报恩思想，开启了"我"的行孝人生）

4.有一种情感叫恩情，有一种回报叫感恩。人生要铭记每一份恩情，感谢每一份赐予。那么，我们要常思报答谁的恩德呢？（提示：父母、师长、社会大众）

二 明 理

1.讲解

父母养育我们成人，不知付出了多少辛劳，操了多少心。"身体发肤，受之父母"，子女反哺报恩孝养父母，是自然而然、天经地义。

《新唐书》中说"孝亲为子"，孝养父母是做人的基本准则。我们孝敬父母，就要心中有父母，堂堂正正做人，规规矩矩办事，不给父母脸上抹黑，不让父母为自己担心。这些就是孝道的开始，唐代诗人孟郊在《游子吟》中说："谁言寸草心，报得三春晖。"谁说子女的这颗像小草一样稚弱的心，能报答得了母亲像春天阳光一样的慈爱呢？行孝报恩，是我们一生的责任。

2.思考

学会感恩是一种积极的人生态度，是一种生活的大智慧。在我们的人生中，要回报哪些恩德呢？（提示：人生中有父母的养育之恩，有老师的教育之恩，有同学同事的帮助支持之恩，遇到困难时有好心人的救助之恩，能有一个好的工作、好的生活环境是国家的护佑之恩，种种恩情都需要感激和回报）

三 交 流

1.反思

日记中，姥姥看病需要钱，母亲就努力挣钱行孝报恩。现在的家庭普遍富裕了，我们要以怎样的方式报父母恩呢？（提示：看到父母的需要，实现父母的心愿，守好自己的本分，尽到自己的责任等）

2.引申

对于帮助我们的人，当然心存感恩。那么，对于对我们不友好的人，还要心存感恩吗？（提示：当我们换一个角度思考，所有的烦恼都可能变成智慧。一个人往往在逆境的时候进步最快，那些人会磨炼我们的心智，增长我们的见识，提升我们的修养，对他们更要心存感恩）

3.分享

孟子说："一人之身而百工之所为备。"就是说，每一个人所需要的生活资料都要靠各种工匠的产品才能齐备。结合我们自己每天的生活所需，想一想，我们应该感恩哪些人呢？

四 知行合一

1.我们在得到别人帮助时，要常记在心，常思回报；在与人相处时，要发挥自己的价值，学会付出，尽力帮助他人。

2.在家庭中，我们要学会做一些力所能及的家务，每天抽出一些时间扫地、擦桌椅、收拾屋子等，这样不但会减轻父母的辛劳，更会锻炼自己的做事能力。

第二十九天

安身立业孝为先

2003 年 9 月 6 日

早晨，天阴沉沉的，我用轮椅推母亲去了第三人民医院，就医后中午回家的路上突然下起了秋雨，雨好大，轮椅车无处躲避。

我忙脱下警服盖在母亲头上，用安全带护住母亲后，我穿着背心推着母亲狂奔，雨水浇在身上，就像小时候和母亲拉车在雨中奔跑……

我推着母亲跑进了四院门诊楼的大棚下避雨。

我忙掀开衣服看母亲，母亲没有淋湿，看我满头是水，她关切地说："别淋病了，八月的天气了。"

我说："妈，您看，这是汗。"母亲笑了，我也笑了。

《忠孝家国情》选读

■ 感 悟

1. 日记中描绘了"我"带母亲去医院路上遇雨的场景，这个场景给我们什么感觉？（提示：母子相依，幸福温馨）

2. 推着轮椅向医院走，路上的时间一定很长，然而"我"并没有觉得累，展现在我们面前的却是母子之间的笑语，这是为什么呢？（提示：因为在幸福时刻时间总是过得很快。母子相互珍惜沉浸在幸福中，感觉时间也过得好快啊）

3. 作者受当时条件的限制，用轮椅推着母亲看病。如果现在你带父母看病应考虑怎样的方式呢？（提示：方便、快捷，让父母感到舒适的方式）

明　理

1. 讲解

"人生无根蒂，飘如陌上尘"。孝是人生的根，是一个人最基本的品德，是对父母爱护养育之恩的回报，是人间最宝贵的真情。

《说文解字》解释"孝"字说："善事父母者，从老省、从子，子承老也。""孝"这个字是由"老"字省去右下角的形体，和"子"字组合而成的一个会意字。老是代表上一代，子是代表下一代，"孝"这个字就表明下一代和上一代是一体。《尔雅》中说："善事父母为孝。"《新书》中说："子爱利亲谓之孝。"孝是子女对父母的一种善行和美德，是家庭中晚辈在处理与长辈的关系时应该具有的道德品质和必须遵守的行为规范。

《孝经》中说："人之行，莫大于孝。"人类的行为没有比孝道更为伟大的了。《礼记》中说："啜菽饮水尽其欢，斯之谓孝。"奉养父母，就要使父母欢乐。在家孝父母，出门人人敬，孝是我们安身立业的基础。

每一天，我们或者在努力学习，或者在认真工作……各行各业的人们都期望生活更加美好，人生更加幸福。此时此刻，如果没有父母的微笑，人生一定会失去色彩。

2. 思考

《初学记》中说："雏既壮而能飞兮，乃衔食而反哺"。乌雏长

成衔食喂养母亲、报答亲恩的行为给我们什么启示呢？（提示：百善孝为先，人生中有很多事要做，但孝敬父母是首要的，是一个人根本的品德）

三 交 流

1. 反思

日记中，母子的幸福来源于哪里呢？（提示：来自孩子的反哺报恩）

2. 引申

《孔子家语》中说："弃老而取幼，家之不祥。"为什么孔子说放弃了老人不去赡养、关心，把所有的关爱都放在了孩子的身上，这个家庭就不吉祥了呢？（提示：我们的生命来自父母，父母如同树的根，如果溺爱孩子不孝父母，这个家就像断了根的树木，即使眼前枝繁叶茂，很快就会枯萎了）

3. 分享

当你陪伴在父母身边，看到父母幸福的表情，心中会有一种怎样的感受呢？（提示：踏实、幸福）

四 知行合一

1. 要把孝养父母作为人生的必修课，传承中华民族的孝道美德。

2. 要把孝道落实在日常生活中。比如：我们要多和父母交流，从中体会父母的需求并付诸行动；要多找时间陪伴父母，不在父母身边时要固定时间问候；每做一件事之前都要征求父母的意见、考虑父母的感受，等等。

第三十天

做人饮水要思源

1974 年 6 月 22 日

时常听到母亲对父亲说："……累得直恶心。"

今天在夏至的夜里，我领教了"累得直恶心"这句话的分量，太可怕了！

来了好多火车皮，意味着今夜劳动强度很大。我知道，妈妈肯定承受不了今夜的劳作强度，于是自告奋勇拎着砖夹跑出家门。

我与 3 位阿姨装一节 60 吨重的火车皮，每人分 47 丁砖。

装了 3 个小时，觉得没有力气了，砖好沉，想坐在地上歇一会儿。我尝试坐下片刻，太舒服了，可是时间不允许，坚持吧。4 个小时后，再坐下喘口气，没有了舒服的感觉，继续坚持。5 个小时之后，我忽然感觉反胃恶心，像吃了霉变的食品。奇怪，昨晚没吃什么东西呀！天蒙蒙亮了，恶心的感觉越来越强烈……

终于干完了，我却发现，不敢停下脚步了，停下就更加恶心，恶心得难以承受。

端起饭碗，却一阵恶心涌向喉头，咽不下一口饭了。

原认为隔一天就好了，可是几天下来还是不敢坐，只有走路才会感觉舒服，只要坐下来就想呕吐，觉得恶心……

《忠孝家国情》选读

一 感 悟

1.日记中，"我"为什么自告奋勇去装砖呢？（提示：今晚的火车皮来得多，"我"知道母亲拖着病体难以承受）

2.高强度的劳动让"我"也累得直恶心，更让"我"切身感受到拖着病体劳作的母亲每天生活在怎样的状态下呢？（提示：时常忍受很大的痛苦）

3.当"我"体会到母亲行孝时忍受着极大的痛苦，自然会萌发对母亲怎样的情感和行为呢？（提示：敬爱母亲，效仿母亲）

4.在家庭中，父母的付出让家庭成为幸福的港湾。儿女报答父母，就是饮水思源。你有没有分担一些家事，体会父母的辛劳呢？

二 明 理

1.讲解

南北朝时期的文学家庾信在《徵调曲》中写道："落其实者思其树，饮其流者怀其源。"意思是，吃到树上结的果实就会想到结果实的树，喝到了河中的水就会想到河水的来源。我们从小到大都在父母的爱与关怀下成长，"饮水思源""知恩报恩"就是"天之经也、地之义也"，是人生最重要的事。

2.思考

《孝经》中说："身体发肤，受之父母，不敢毁伤，孝之始也。立身行道，扬名于后世，以显父母，孝之终也。"这句话揭示出我们和父母怎样的关系呢？（提示：我们的身体、毛发、皮肤都是来自于父母，珍惜、爱护它就是行孝尽孝的开始。让自己健康成长，按正确

的原则做人做事，服务社会，让自己的名字为后人所景仰，就会让后世知道自己的父母教导有方，培养出一个优秀儿女，这才是尽孝的结束）

三 交 流

1. 反思

父母或者披星戴月去劳动，或者辗转奔波去经营，在外受苦受累，回家让我们看到的却是笑脸，是因为他们心中深爱着我们，不愿让我们看到疲惫的样子。"喝水不忘挖井人，树高千尺不忘根"。我们不忘本，就要怎样做呢？（提示：常常想到从小到大父母的辛劳与付出，常思报答，做一个知恩报恩的人）

2. 引申

《孟子》中说"人少，则慕父母；知好色，则慕少艾；有妻子，则慕妻子；仕则慕君，不得于君则热中。大孝终身慕父母。五十而慕者，予于大舜见之矣"。意思是，人在年幼的时候敬慕父母，懂得男女之情的时候就渴望年轻漂亮的人，有了妻子儿女以后便爱慕妻子儿女，做了官便讨好君王，得不到君王的赏识便内心焦急得发热。具有最大孝心的人才能终身眷恋父母。舜到了五十岁的时候还怀念父母，真是一个伟大的人。舜最让人敬佩的地方是什么？（提示：永远保持着对父母的爱心）

3. 分享

我们每天所吃的、所穿的、所用的每一件东西，都来源于他人的辛勤劳动和智力付出。如果没有各行各业人们付出创造的成果，我们即使有钱又能买到什么呢？所以买东西时也要怀着感恩的心。假如买一个馒头，想一想要感恩哪些人呢？（提示：感恩农民种出小麦，工

人磨成面粉，又加工制作，这其中蕴含着多少人的辛劳啊）

四 知行合一

1.我们要在日常生活中"习劳知感恩"，不断在家事劳动中体会父母与大众的辛劳，培养自己的孝心与责任心。

2.我们为实现父母的期望而努力，特别是青少年时代更要砥砺自我，取得品学兼优的成绩，不断增长报答父母的本领。

第三十一天

孝顺不分女和男

2007 年 11 月 27 日

在医院坚守一个月了，妹妹熬垮了，躺在另一张空病床上病得起不来了。

凌晨 2 点了，外面的雨雪越来越大，父亲的心脏时跳时停，我为父亲的生命忧心，可是我也同时为母亲的生命担忧，时刻惦记着四楼的母亲怎么样了。

我对生病的妹妹说："你坚持一下，去上楼看看吧，有几个小时没看咱妈了！"

妹妹强撑着身子，抹着眼泪上楼看母亲去了。

《忠孝家国情》选读

感 悟

1.这篇日记写了一件什么事呢？（提示：兄妹同心，竭尽全力照顾父母）

2.当父母生病时，儿女尽心尽力地照顾，父母会有怎样的感受呢？（提示：欣慰、温暖）

3.亲情的温暖有助于病体的康复。在平时我们要怎样促进父母身体健康呢？（提示：孝敬父母，让父母心中时时有温暖的感受）

4.我们从小到大，特别是生病的时候，父母都是无微不至地照顾。尽心竭力孝敬父母就是每个做儿女的本分。当父母生病的时候你应该怎样做呢？

二 明 理

1.讲解

父母日渐衰老，生病需要照顾，这是每个儿女都要经历的。其实，不只是在病中，平时更应该尽孝心行孝道。

2.思考

《孝经》中说："夫孝，天之经也，地之义也，民之行也。"意思是，孝道犹如天上日月星辰的运行，地上万物的自然生长，是人民本有的自然的行为。这句话强调了一个什么道理呢？（提示：尽孝是每个人本来就应该做的事，是一个人最根本的德行）

三 交 流

1.反思

有一种享受叫天伦之乐，可是有些父母年纪大了，生活能基本自理就不愿意和孩子住在一起，这往往是什么原因呢？（提示：子女的孝道没有做好）

2.引申

当父母有多个儿女时，大多是轮流抚养。那么，对父母怎样的抚养方式最好呢？（提示：依照父母的心愿，体现孝道和父母意愿的抚养方式最好）

3.分享

古代谚语说："家有一老，如有一宝。"家里有老人健在，有哪些好处呢？（提示：可以和从前亲友保持联系，能和平调解家庭成员暴躁脾气，能帮助照料家庭的琐碎事情等）

四 知行合一

1.要学会在日常生活中体贴、关爱父母，在父母生病时悉心照顾，让父母感受到温暖。

2.平时要尽孝心，努力使父母心情愉快，从而减少疾病的发生。比如多找时间陪伴父母，耐心听父母讲过去的故事，多和父母分享自己成长的快乐，等等。

第三十二天

孝是人道第一步

1985 年 4 月 27 日

今晚我与一名中年服刑人员谈话，他明显在应付我，不讲实话，我很生气。可是我发现老管教与他谈心，几句话过后他就哭了。

我思考，为什么老干警总能打开服刑人员的心扉？老干警谈心习惯从家常事入手，而我只是讲法律。

迷茫中，母亲的治家观念启发了我，母亲说，"服刑人员中不孝儿占比高哟。"

母亲对孩子的教育观是：用孝道引导孩子的孝心，人有了孝心才会有感恩心，进而接受"礼义廉耻"，实现对家庭的责任。这是有效的教育之道。

母亲的治家观给了我新的工作思路，这与许多老干警的经验相似。

我在实际工作中探索验证。

《忠孝家国情》选读

感 悟

1.在母亲的教育观中，最根本的德行是什么呢？（提示：孝）

2.为什么母亲说"服刑人员中不孝儿占比高"呢？（提示：父母之恩都不报答的人一定自私自利，贪图私利往往会作奸犯科，最终把

自己送入高墙）

3.“我”在母亲治家观的启示下，有了与老干警相似的工作思路，在工作中探索验证用什么打开服刑人员的心扉呢？（提示：孝心）

4.父母的一生都在为儿女操心，更希望我们成为一个有道德的人。那么，你应该从哪里入手提升自己的品德呢？（提示：落实孝道）

二 明 理

1.讲解

《孝经》中说：“夫孝，德之本也。”孝道是德行的根本，“孝”这个根本的德行才能生发“悌忠信、礼义廉耻”这些美德。人生能尽孝道才会友爱兄弟、报效国家。如果一个人对于养育自己的父母都不知报恩，又怎么能够友爱他人、奉献人生呢？

“孝”是人生之根，“悌忠信、礼义廉耻”犹如人生的枝干花果。正如树木，有根才会长出枝干花果，根深才会叶茂，才会欣欣向荣。所以，“孝”就是幸福人生的起点和根本。

2.思考

我们要为实现中国梦增添青春能量，做新时代的开拓者、奉献者，首先要怎样做呢？（提示：首先要培养孝心、感恩心，从孝敬父母开始服务他人、奉献人生）

三 交 流

1.反思

有些人觉得自己很孝顺，但行为却令父母很担忧。这时候，劝说父母不必担忧，或者依据道德标准改变自己的行为，哪种做法才是真

正的孝道呢？（提示：依据道德标准改变自己的行为）

2.引申

不孝的人不仅难以取得人生的成就，更会让父母伤心忧虑。试想一下，这些人不孝的原因是什么呢？（提示：一是忘恩，得到别人给予一餐饭的恩德容易记在心里，父母天长日久的给予习惯了就淡忘了；二是乐纵，沉醉于自己的嗜好享乐，面对父母就感到没有意思了；三是习惯，孩子的语言粗鲁惯了就会冲撞父母，行为随意惯了就不守礼节，父母生病时自己忍受病苦惯了，孩子就不再关心父母的身体状况了）

3.分享

有一个孩子正在学习传统文化的孩子在日记中说："我感冒了，我很难过，不是因为我感冒难受，而是因为自己生病让父母担忧。"学习传统文化的孩子有什么与众不同呢？（提示：面对事情时就容易自我反省、为人着想、体现孝心）

四 知行合一

1.要把行孝道作为人生中最重要的事，在生活中多亲近、陪伴、照顾父母，努力让父母生活得快乐舒心。

2.要以古今孝子为榜样，以高标准要求自己，在人生行为中体现孝道准则。特别是在做每一件事、每一个抉择之前要征求、尊重父母的意见，充分考虑父母的感受，彰显父母的美德。

第三十三天

孝顺子弟必明贤

1996 年 2 月 10 日

这本书由初时的《中队管理艺术》，改为《中队领导与管理》，再改为《劳改中队管理学》，最后定名《监狱中队管理学》。

10 年的岁月，我已经习惯在身上装个小本子，把所有能挤出的零碎时间都用在写作上。在工作间隙，在开会前的等待中，在医院排队取药的时候，在推着父母外出散步中……

这本书耗了我 30 斤体重。

《忠孝家国情》选读

感 悟

1. "我" 在家照顾父母时，为了实现母亲的心愿而写书。由此可见，"我" 取得进步的动力是什么呢？（提示：孝心）

2. "我" 在工作中脚踏实地、尽职尽责，自然积累了很多工作经验，完成了《监狱中队管理学》这部著作。这些工作成绩的取得是哪些因素促成的呢？（提示：父母的教育、"我" 实现父母心愿的孝心、"我" 在孝行中培养了责任心）

3. "我" 不仅出版了这部著作，而且在工作、文学、艺术等领域也取得了成就。这些成绩的取得与 "我" 的孝心是分不开的。由此可见，

如果你期望在各方面都取得好成绩，就要从哪里起步呢？

二 明 理

1. 讲解

《后汉书》中说："夫孝者，百行之冠，众善之始也。"就是说，孝行是人们行为中最首要的，是各种善行的始源。

我们从日记中看到，作者为了不让父母觉得是他们的病耽误了孩子的人生，在陪伴老人的漫漫长夜里开始尝试写作，完成了近百万字的《监狱中队管理学》，填补了国内监狱基层管理理论的一项空白，因此被授予"全国监狱理论专家"称号。由于父母时常赞叹会写小说的人，工作中又有所触动，他继续写作并出版了小说《黑手伸出高墙》《明天谁去坐牢》《中国式忏悔》。

后来，他被评为"当代中华最感人的十大慈孝人物""推动中国家庭文明十大致敬人物"，他的孝道故事也进入了上海、广东等地的"孝道文化博物馆"。他的孝道讲座感动了无数人。这是全社会对忠孝文化的认可，也是古往今来仁人志士"移孝为忠"的人生足迹。

2. 思考

古代对人才选拔的形式之一为"举孝廉"，为什么具备了孝和廉两种品德就能够为社会服务呢？（提示：孝是做人的标准，廉是做事的标准，会做人、会做事就能够很好地为大众服务了）

三 交 流

1. 反思

历史上凡是有成就的人，诸如舜、黄香、子路、黄庭坚等，他们

生活的时代不同，但每个人的孝心孝行都令人感动。这些古圣先贤的人生足迹给我们什么启示呢？（提示：人生要从行孝开始，至诚孝敬父母，不断完善自己的品德，最终成就人生）

2. 引申

孩子成长与父母的教育息息相关。有一个小孩看到饭菜不满意就发脾气不吃，妈妈承诺给他买玩具后才吃饭。这种做法其实就在助长孩子的坏毛病。怎样做才体现教育的原则呢？（提示：可以把饭菜收掉，等孩子饿急了自己就翻东西吃了）

3. 分享

有一个案例：女儿犯脾气，一天没吃饭。晚上爸爸打电话给她，问想吃什么，女儿依然倔强地说："不吃。"爸爸说："好吧，你只需回答我一个问题，吃不吃都可以。《孝经》里有这样的句子，'身体发肤'，下面怎么说？"她回答："受之父母，不敢毁伤。"爸爸笑了，继续问："想吃什么呢，爸爸给买点？"女儿也笑了，说："看着买吧，什么都行！"这个案例对家庭教育有什么启示呢？（提示：让经典成为父母与孩子之间的共通语言，让"孝"在家庭里穿行，就不会有那么多怄气别扭、剑拔弩张的事情发生了）

四 知行合一

1. 把对父母的孝心延伸到社会中，在学习、工作和人际交往中培养责任心和奉献精神，努力实现父母的心愿，取得更大的成绩。

2. 传承中华民族的忠孝美德，丰富自己的忠孝实践。比如：读诵中华优秀传统文化的经典，学习古圣先贤的忠孝精神，积极参加公益实践活动培养大爱精神，等等。

第三十四天

孝亲首要身康健

1972 年 5 月 15 日

每天在晨曦中，我看着母亲用粗布缠裹头部、脖子、手脖、脚脖，戴上护目镜，穿上防护围裙，背上大锤，迈着沉重的步履走出家门。在通往砸石场的小路上，外人根本看不出母亲是年轻的女子。

母亲不怕危险，只怕没活儿干，她只有一个想法，挣钱救姥姥。

1975 年 8 月 15 日

前天，在铁路沟里，火车运来了大量的有烟煤，需要劳力将煤运到山坡上的大窑旁。

大窑招临时工，我立马报了名。

中午，伏天的太阳下我精疲力竭了，撑力拉车过铁路沟，忽然感觉车子自己在跑，我奇怪地扭头看，发现母亲在后面推车。

《忠孝家国情》选读

感 悟

1.第一篇日记写了什么事呢？（提示：母亲砸石头挣钱给姥姥看病）

2.第二篇日记，"我"报名做临时工的原因和力量源泉是什么呢？（提示：帮妈妈挣钱给姥姥看病；期盼拿到工钱后看到母亲的愁眉舒展）

3.孝养父母，最首要最基本的是什么？（提示："养父母之身"，

努力使父母身体健康）

4.我们孝养父母的心行，也在诠释着自己的道德观。你懂得关心照顾父母的身体吗？当孝行迎来父母的笑容时，你内心的感受怎样呢？

二 明 理

1.讲解

我们在《孝子传》中看到，那些孝子在家庭生活中，首先是养父母之身，使父母衣食无忧。"子路负米""蔡顺拾葚"，为了母亲的生活，他们竭尽全力的孝行千百年来感动着无数人。这样的孝子，我们在历史上看到的太多了，他们虽处在不同的家庭环境，但是对父母的心却是相同的，并且以自己的劳动所得竭尽全力孝养父母。

2.思考

《三字经》中说："香九龄，能温席。"从"黄香温席"的故事中，可以看到黄香侍奉父亲用心体贴，能够看到父亲的需要。现代人怎样学习这种精神呢？（提示：孝敬父母，孝心是本质，这种孝道精神是每个时代都需要的，具体形式要随时代和家庭情况而变化）

三 交 流

1.反思

《孝经》中说："用天之道，分地之利，谨身节用，以养父母，此庶人之孝也。"意思是，利用自然时节的规律，从土地中获取应得的利益，严格约束自己的行为，勤俭节约，并且孝顺赡养父母，这就是作为普通老百姓应尽的孝道。假如孩子以不正当的手段获得钱财来供养父母，这是尽孝吗？（提示：这不是尽孝，还会使父母蒙羞、为

世人所耻）

2.引申

"感动中国"组委会给予朱晓晖的颁奖词说："命运百般挤对，你总咬紧牙关，寒风带着雪花围攻着最北方的一角，这小小的车库是冬天里最温暖的宫殿，你病重的老父亲是那幸福的王。"朱晓晖从2002年起，一人挑起家庭重担，精心照顾弥漫性脑梗的父亲13年。她以行动感动社会，给我们什么启示呢？（提示：在生活困境中更要坚守孝道，给家庭带来温暖，彰显出中华民族的传统美德）

3.分享

我们照顾父母饮食，随着父母年龄的增长和生理机能上的变化，饮食要遵循什么原则呢？（提示：多素少肉，少食多餐，按时进食，主食宜粗不宜细，多摄取高纤维的食物等）

四 知行合一

1.要学一些保健、医疗常识，多和父母沟通健康的观念，把健康的观念带到家庭中，随时关注父母的身体状况，做到预防为主。

2.要从衣、食、住、行等多方面对父母关心照顾，更要在生活的细节中落实孝道，比如：常常给父母剪指甲、洗头、洗脚，等等。

第三十五天

更要双亲把心安

1974 年 6 月 19 日

我担心母亲也睡不着，就爬起来在一边看母亲写信。

我看到母亲用小楷写道："母亲大人，今年已经过去 160 天了，甚念。城里比农村条件好多了，也容易挣钱，每月寄上 5 块、10 块钱孝敬您老，治病要紧。母亲大人不用担心女儿……"

1974 年 10 月 3 日

姥姥总认为母亲在城里享福，为母亲能过上好日子而高兴。

母亲见姥姥时总是收拾得干干净净，一副在城里享清福的样子，姥姥高兴得脸上纵横交错的皱纹变成了花儿。

1997 年 2 月 20 日

今天是正月十四，外面会很热闹，正好让父母亲见一下阳光，感受一下节日的氛围。

我说："妈，咱去买菜吧？"

母亲又一阵儿急促的喘息，艰难地笑笑，有些犹豫地说："外面的人多吗？春儿。"父母当然想见见阳光，却又心疼儿子。

用轮椅推母亲出门，邻居看到我头上有血迹，就说："你一个人上街买菜多轻松，天天带上你妈多费劲。"我只是笑笑，邻居不懂这其中的奥秘，这会延长老人的生命。因为母亲出门与人交往，内心会

兴奋不已，她总对儿女自豪地重复着所见所闻，并讲述着与商贩如何讲价钱便宜了5分钱的故事。

母亲仿佛找到了坚守生命的价值。

《忠孝家国情》选读

一　感　悟

1. 前两篇日记中，母亲给姥姥写信寄钱，总是说"城里条件好，不用担心女儿"；母亲每当和姥姥见面，"总是收拾得干干净净，一副享清福的样子"。这是为什么呢？（提示：使姥姥安心）

2. 第三篇日记中，"我"顺着母亲的心意，母亲身体瘫痪了还冒险带她去买菜，这又是为什么呢？（提示：使母亲心情愉快）

3. 这三篇日记，事件不同，目的却相同，告诉我们孝养父母不只是让父母身体健康，还应该怎样呢？（提示：让父母生活得快乐一些）

4. 孝敬父母不只要照顾父母的身体，还要使父母的内心安定、心情愉悦、获得幸福感。分享一下，你有没有曾经努力做哪件事，给父母带来开心快乐呢？

二　明　理

1. 讲解

《礼记》中说："凡为人子之礼，冬温而夏清，昏定而晨省。"这无非就是让父母安心。父母的中晚年能不能幸福也取决于我们听不听话、懂不懂事。假如父母都不知道我们在做什么，每天担心忧虑，即使物质生活再丰富也不会快乐啊。真正的孝子，要有足够让父母放心的道德修养和是非标准，这样，即使在千里之外也会令父母

安心。

宋朝的温国公司马光曾说："我侍奉双亲，没比别人孝顺，只是能不欺骗父母而已！侍奉君王也是如此。尽孝，主要有四种，一是树立道德，二是继承家业，三是保健身体，四是善养志气。这其中每个人际遇不一样，才能各异，主要随着自己的本分、能力，尽心尽力努力去做，使至诚之心总是流露在其中，直到此生终了，心中没有丝毫遗憾，这也差不多可以说已尽孝了。"

古人说："孝子侍奉双亲，不可使父母有冷淡心，不可使父母生烦恼心，不可使父母有惊怖心，不可使父母生愁闷心，不可使父母有难言的心，不可使父母有愧恨的心。"

父母过了六十岁老得就会愈来愈明显，当我们一两个月没看到父母，回去一看就会感觉老很多！我们要珍惜跟父母相处的时间，善体亲心，常常去关怀、问候父母。这就是"养父母之心"。

2. 思考

《论语》中说："父母在，不远游，游必有方。"就是说，父母老了，怕没人照应而不远游，即使要远游，子女必须有个安顿父母的方法。这句话对我们有什么启示呢？（提示：父母的晚年幸福与我们的行为息息相关，我们要时刻把父母记挂在心上，尽孝道）

三 交 流

1. 反思

如果生活条件富裕，当父母老了需要照顾，我们可以用钞票取代自己孝敬父母的本分吗？（提示：不可以，老人更需要亲情的温暖和精神的关怀，这是用钱请人照顾父母难以做到的）

2.引申

如果在外学习、工作，定期回家看父母，要怎样尽到孝心呢？（提示：回家探望父母的时候，应该主动做饭、做家务，多体恤父母，并把自己这一段时间的学习、工作、生活等情况向父母详细说明，以免父母担忧牵挂）

3.分享

一位妈妈每次经过一些声色场所，就跟孩子说这种地方会污染人，让人学坏，不能进去。因为从小就教，孩子长大了，这样的地方连看都不想看。我们从这个事例中得到什么启示呢？（提示：《礼记》中说"禁于未发之谓豫"，就是在学生的错误没有发生时就加以防止，这就是预防法。从小学习正确的理念，做到先入为主，才会达到最好的教育效果）

四 知行合一

1.为人处世要循礼守法，要尊重父母的爱好和习惯，体谅父母的难处，要把自己要做的事向父母交代清楚，使父母安心。

2.要从小学习中华优秀传统文化，不断提升正能量，自觉抵制不良思想和行为，让父母放心。比如：学习《弟子规》，就知道孝是对的，是善；知道不孝是不对的，是恶。善恶分明，就会有判断力，就会有所取舍，时时刻刻做出正确的抉择。我们从小心存善念，心地善良，就会交到好朋友，亲近好环境，主动远离不良场所。

第三十六天

孝子常怀父母志

1994 年 6 月 3 日

从 20 多岁血气方刚的青年，到 30 多岁成年男人，这本书耗了我 8 年时光，值得吗？值得，因为父母看到我写书，就会从心底里笑出来，每个字都是父母微笑的音符。

1996 年 3 月 14 日

我将散发着油墨味儿的新书带回了家，这是我写的书，我可是一名基层警察呀！我不敢相信自己能出书。

母亲抚摸着新书，爱不释手，终于控制不住，晶莹的泪水滚滚而落。此刻，我忽然发现自己出书最高兴的是父母！

1997 年 1 月 11 日

我双手一摊，说："如今罪犯犯罪手段多，我身在基层也没有办法。"母亲让我扶她坐起，紧锁双眉，说："你太狭隘了！有情怀的人时时刻刻心怀天下，真正修身的人才懂得哟。旧社会土匪欺负老百姓，你姥爷也是普通百姓，可是他说，一支笔胜过十万毛瑟枪哩！"

我也读懂了母亲的另一层意思，孝即忠，这也是我的本职工作，一屋不扫何以扫天下！我继续写书，父母就不会觉得我天天在家照顾他们会拖累我。

《忠孝家国情》选读

一 感 悟

1.前两篇日记中，父母看到"我"写书，为什么"从心底笑出来"？"母亲抚摸着新书，爱不释手，终于控制不住，晶莹的泪水滚滚而落。"这时候，母亲的内心会有怎样的感受呢？（提示：母亲因"我"实现了父母的心愿而高兴；内心一定充满喜悦、激动和幸福感）

2.第三则日记中，母亲让"我"肩负起一个警察的社会责任，愿意"我"写书揭露犯罪和腐败，从这里显示出母亲怎样的志向呢？（提示：为社会作贡献）

3.这几篇日记共同揭示了一个什么孝道主题呢？（提示：养父母之志）

4.孝养父母，不但要养父母之身、之心，更要养父母之志。我们在日常生活中和父母有很多交流，你能从父母的言语中体察出父母对自己的期望吗？

二 明 理

1.讲解

《礼记》中说："孝子之养老也，乐其心，不违其志。"就是说，孝子的养老，要让父母的心情快乐，不违背父母的意志。所以，用自己的德行去奉献社会，就是"养父母之志"，就能让父母心生欢喜与慰藉，让社会大众感受到这是父母养育教诲的结果，这就是一种大孝显亲的表现，是我们终身的行为。

2.思考

《孝经》中说："立身行道，扬名于后世，以显父母，孝之终也。"

意思是，人生遵循仁义道德，有所建树，显扬名声于后世，从而使父母显赫荣耀，这是孝的终极目标。这句话给我们怎样的启示呢？（提示：我们能够在事业上有所成就，对父母来说是最大的欣慰）

三　交　流

1.反思

如果一个人的德行不好，会对父母造成怎样的影响呢？（提示：不但不能报答父母恩，还会让父母蒙羞，甚至还可能连累父母家人）

2.引申

中国的父母连起名字都在教育孩子，给他期望。宋代的范仲淹给儿子起名"纯仁"，我们从这个名字可以看出他希望这个孩子能够时时存一颗仁爱的心。这种起名字的教育方式，对孩子人生发展有什么作用呢？（提示：孩子从小知道父母的期望，就会提醒、鼓舞、督促自己往这个方向努力。范纯仁最终没有辜负父亲的期望，父子同心，家道长久不衰。范家是一颗仁厚之心，最终得了大福）

3.分享

范纯仁一生都践行着父亲的抱负，日记的作者写书也和父母的志向融为一体。我们怎样做才能实现"养父母之志"呢？（提示：要不断地提升道德，用自己的德行去造福社会，使父母能够引以为荣）

四　知行合一

1.要善于体察父母的心意，彻底改正自己身上父母不喜欢的缺点，努力实现父母对自己的期望。

2.要立志贡献社会、奉献人生，做新时代的建设者和开拓者。从

小就要自立、自强，长存服务社会的心，做一些力所能及服务他人的事。比如，积极参加有意义的社会实践活动，在公交车上主动为老人让座，等等。

第三十七天

慧润身心家道安

2008 年 2 月 2 日

半夜，母亲的主治医生张大夫突然来到病房，他说今天值夜班，然后掏出一摞钱递给我，说："你的孝行太让我们感动了，快过年了，我们几个医护人员给你凑了 1 万块钱，别客气，给母亲治病吧。"

我感动极了，问母亲收不收下这些钱。母亲连连摇头，说："钱要一笔一笔地记下，都要还人家，一分馈赠都不准收，我和你爸一生从不接受馈赠，这是我和你爸做人的原则。人家过日子也不容易。孩子，我知道你难，我和你爸活不了几天，这钱，将来都要还给人家，要知恩报恩！"

我流着泪点点头。

《忠孝家国情》选读

━ 感　悟

1. 这一篇日记写了一件什么事？（提示：母亲在生命垂危之际，依然坚持做人的原则，并嘱托"我"将来一定把钱还人家）

2. 这篇日记揭示了一个什么孝道主题？（提示：养父母之慧）

3. 日记中，"我流着泪点点头"，在艰难时刻也努力遵守父母的做人原则。回想一下，在你的生活行为和处事原则中，哪些是受到父

母的影响呢?

二 明 理

1.讲解

孔子说人生有三戒,"及其老也,血气既衰,戒之在得。"这个"得"就是"贪"。人老了,最忌讳的就是贪这个贪那个,患得患失,忧虑牵挂。这时候做子女的就要通过一些机会,耐心地引导父母接受中华优秀传统文化的理念,让他们的心能够安住在古圣先贤的教诲与智慧中,这是儿女应尽的孝道。

随着年龄的增长,人生更应该注重心灵的提升,而不能只重视吃穿等物质生活。有时候,我们也要当父母心灵的老师。所以,做子女的更要好好学习中华优秀传统文化,尽心尽力孝敬父母。当父母对我们越来越信任时,就可以引导他们走向古圣先贤的智慧人生。

2.思考

人生中的烦恼大多来自哪里呢?怎样减少这些烦恼呢?(提示:烦恼大多来自于自私自利。不为自己谋私利,时时想着如何帮助别人,就会减轻烦恼,增长智慧)

三 交 流

1.反思

当我们学习了中华优秀传统文化,看到父母亲朋违背了道德,应该怎样劝谏呢?(提示:自己首先要落实古圣先贤的教诲,让大家看到榜样。然后,不断地寻找机会引导父母亲朋接受和学习中华优秀传统文化)

2. 引申

《增广贤文》中说："良田万顷，日食一升；广厦千间，夜眠八尺。"这句话给我们什么启示呢？（提示：人在物质方面的需求其实是非常少的。有知足的心，生活就会变得轻松、简单。人生要思考怎样的生活才能对身心有益，要追求有意义有智慧的人生，不要追求虚华的物质享受）

3. 分享

历史上，曾参的父亲乐善好施，这种行为在使他人得到帮助的同时，自己和家庭也会有哪些收获呢？（提示：得到大众的尊重、爱戴与帮助，乡邻和睦，家道兴盛）

四 知行合一

1. 要认真学习中华民族优秀传统文化，理解中华民族优秀传统文化的内涵和当代价值。

2. 要汲取古圣先贤的人生智慧，践行中华传统美德，给亲人朋友做个好榜样。要善于把握机会，向父母及他人介绍中华优秀传统文化，帮助他们营造幸福人生。

孝亲不教亲生气

1996 年 3 月 16 日

这段时间母亲又批发了一些针线袜子、鞋垫之类的小商品卖。在家里我向母亲抱怨："妈，家里不差那几块钱，您这不是自找麻烦吗？您在外面儿女也不放心呐。"

母亲说："人会闲出毛病的。"

我不好强劝，母亲说完又骑三轮车去十几公里外的关林市场批发针线袜子。其实，我从母亲的眼神里可以看到，老人总想活出自己的价值。

《忠孝家国情》选读

感 悟

1.这一篇日记中，母亲去卖一些针线袜子补贴家用，"我"当时为什么抱怨母亲呢？（提示："我"当时只想母亲会给家里添麻烦）

2."我"心里不愿意母亲这样做，为什么没有"强劝"呢？（提示："我"看出了母亲的意愿，不愿违背她的心意）

3.生活中，我们和父母有很多交流沟通。这篇日记启示我们怎样才能更好地理解父母呢？（提示：要善于体察父母的心意，设身处地为父母着想）

4.其乐融融就是家庭幸福的样子，但也有家庭气氛不融洽的时候。儿女如果能够理解父母的心，对父母常存感恩，常思报答，还会有让父母烦恼生气的事发生吗？回想一些父母伤心生气的场景，从你自己身上找一找原因吧。

二 明 理

1.讲解

我们一天天长大，渐渐有了自己的思想，往往就会和父母发生冲突。这时候，我们要善于体会父母的心。在我们成长过程中，父母付出了太多太多，如今长大了，不应该再让父母伤心生气、受委屈啊！孝敬就是对父母的一种尊重和体贴。如果父母的想法确实违背了道德伦常，也要等待时机多次规劝，这才是真正的孝子。所以，落实孝道也要通权达变。学习古圣先贤的智慧，真正落实孝道，才不会让父母伤感。

2.思考

《养蒙便读》中说："长者问，对勿欺；长者令，行勿迟。"就是说，长辈提出的问题，回答的时候不要欺骗；长辈的命令，去做的时候不要迟疑。古代这些礼节实际上是培养晚辈对长辈怎样的态度呢？（提示：恭敬）

三 交 流

1.反思

在孩子犯错时，父母有可能失去理智，在教训孩子时可能采取不恰当的过激行为，从而造成不可挽回的损失，往往追悔莫及。这时候，做子女的要怎样做呢？（提示：学习历史上的舜"小杖则受，大杖则走"

的智慧）

2. 引申

《孝经》中说："父有争子，则身不陷于不义。"意思是，父母有一个可以指正自己错误的孩子，就不会使自己陷入不仁不义之中。这句话对做子女的提出怎样的要求呢？（提示：学习和理解道德规范，树立正确的人生观和价值观）

3. 分享

孩子要遵从父母的教诲，但如果父母要求孩子做的事违背道德标准，孩子应该怎样做呢？（提示：孩子可以表面顺从，在当时不要让父母生气，但要坚持道德标准，寻找时机和父母沟通）

四 知行合一

1. 要尽心尽力做好父母交代的事，不做让父母生气的事。对于父母不符合道德的要求，要智慧地应对与劝谏。

2. 要学会设身处地为父母着想，尊重父母的生活方式，不对父母甩脸子、发脾气等。

第三十九天

爱亲敬亲孝乃全

1976年5月10日

今天母亲干完活就回家了，立夏后的天很热，母亲也很累，但还是心疼我为我盛饭。当时我能自己盛饭，可觉得自己是功臣，就等母亲盛饭。

父亲回来看到了，不高兴地问："我看你小子的伤不就破点皮吗？"

父亲几乎没有说过关心我的话，我心里对父亲有怨，顶撞道："爸，我经历这么大危险，不能多歇几天吗？"

父亲火了，吼道："你这个胆小鬼，当年我在战场上肠子都被炸出来了，照样冲锋陷阵……明天就给我上学去！"

我蒙了。

《忠孝家国情》选读

感 悟

1. 日记中，引发家庭冲突的原因是什么？（提示："我"居功自傲，等着母亲盛饭）

2. 这件事启示我们，不管什么情况，都要以怎样的心对待父母呢？（提示：恭敬心）

3. 一个人对父母的孝就体现在日常生活中，而这些对父母的孝无

不源于内心深处对父母的爱和敬。家庭生活中，你有没有顶撞过父母呢？如果有，想一想自己错在哪里？为什么会发生这样的行为呢？

二　明　理

1.讲解

《孝经》中说："孝子之事亲也，居则致其敬。"孝的本质就是爱和敬。孝敬父母的事不分大小，只有出自本心的恭敬才能做好。我们对父母最重要的是要有一颗恭敬的心，没有恭敬心就没有孝心。我们对父母不恭敬，就是傲慢无礼，就是不孝。《曲礼》中说"毋不敬"，告诉我们恭敬心太重要了。

那么，对父母的爱和恭敬心是怎样生起的呢？其实，当我们能深刻体会父母的恩德，就会对父母生起恭敬心。"母活一百岁，常忧八十儿"，只要时时把父母的恩德放在心上，"诚于中，形于外"，恭敬的言语、行为自然就会表现出来了。

2.思考

在《论语》中，子游问孝。孔子说："今之孝者，是谓能养。至于犬马，皆能有养。不敬，何以别乎。"可见，孝养父母不只是供养父母衣食，重要的是什么呢？（提示：要尊敬父母，以恭敬的心对待父母）

三　交　流

1.反思

如果能够给父母足够的钱，让父母过上安逸的物质生活，却从不在意父母的意见，使父母忧虑牵挂，这也是没有把孝道做好。如果还

以为这就是尽孝了，应从哪方面反省呢？（提示：这就是对父母缺乏恭敬心。其实父母有很多的人生经验值得借鉴）

2. 引申

在古代家庭一家人吃饭时，孩子都要照顾父母长辈，在这个过程中就会慢慢培养出孩子的孝敬心。如果吃饭时一家人都给孩子夹菜照顾，结果会怎样呢？（提示：这样就会使孩子渐渐变得以自我为中心。孩子从小自私自利，不断增长利益心，冲淡了感恩心，长大了自私、叛逆、顶撞父母等一系列问题就出现了）

3. 分享

在与父母交谈中，有时候表面上看我们跟父母回应的口气不会很大声，但心里会有不耐烦的感觉，这个时候怎样修正呢？（提示：赶快反观自己的孝心）

四 知行合一

1. 心中常常感念父母之恩，从对父母的感恩心中生起恭敬心。

2. 从中华优秀传统文化中汲取营养，培养自己为人处世恭敬的态度。比如，学习中华传统启蒙经典《弟子规》，读诵并在生活中落实。当其中的文句一条一条做到的时候，恭敬心自然就养成了。

第四十天

孝道贵在心中孝

1981 年 10 月 21 日

我想起他们收音机没坏的时候，总是一副高傲的面孔和冷漠的眼神儿，我就来气，凭什么帮你们修？我又不欠你们什么。我以万用表坏了或电烙铁坏了为借口，不帮他们修收音机。

母亲收起了笑容，说："你认为你不帮别人就能省下力气吗？我当过护士，知道人体能量存不住，你不用出去，它就会在你体内变成血糖伤害你的身体。上天这样安排是让人关爱、帮助别人，你懂吗？"

我的心被触动了。

《忠孝家国情》选读

一 感 悟

1.这篇日记写了一件什么事呢？（提示：母亲教导"我"为大家修收音机）

2."我"本不想帮邻居修收音机，最终接受了母亲的意见。这个过程给做儿女的什么启示呢？（提示：要把父母放在心中，尊重父母的意见）

3.父母比孩子有更多的生活经验，对孩子的教导更是充满爱护的。对于同一件事，当你和父母有了不同的想法，你会充分考虑并尊重父

母的意见吗？

二　明　理

1.讲解

《礼记》中说："孝子之有深爱者必有和气，有和气者必有愉色，有愉色者必有婉容。"意思是，如果孝子对父母有深深的爱戴，心中就必然充满和顺之气；心中充满和顺之气，脸上就一定会表现为和颜悦色；脸上有和颜悦色，就一定会表现为曲意承欢的样子。可见，孝子能够和颜悦色地对待父母，能够体察父母的感受，能够尊重父母的意见，归根结底就是心中敬爱父母。

《礼记》中说："尽小孝用体力，尽中孝兼劳心力，尽大孝要永存孝心。"永存孝心就是心中有父母，常怀感恩，常思报答，而不是只表现出一个尽孝的样子。我们要做到永存孝心，就要像舜一样，放弃心中的怨恨和种种享受，永远保持一颗婴儿般纯真的心去爱父母。

《中庸》里说："舜其大孝也与？德为圣人，尊为天子，富有四海之内。"这是孔子对舜的称赞，他说舜可以说是一个大孝子了！论品德是个圣人，论地位是个尊贵的天子，论财富拥有整个天下。舜终身眷恋着父母，以大孝精神成就了人生。

2.思考

孟子说："父母俱存，兄弟无故，一乐也。"就是说，父母健在，兄弟平安，能够陪伴在他们身边就是第一大快乐。这种快乐来自哪里呢？（提示：来自亲情的温暖，这是儿时幸福生活的延续）

三 交 流

1.反思

日常生活中的一些照顾父母的小事，很多时候不是我们做不到，而是想不到或者不愿意去做。这是什么原因呢？（提示：缺少对父母的关注和敬爱，缺乏孝心）

2.引申

如果一个家庭中孩子对爷爷奶奶不恭敬，这往往是什么原因呢？（提示：做父母的没有尽到孝道，对父母没有恭敬心，没有给孩子做出榜样）

3.分享

当一个人，特别是年轻人在做人生决定的时候，为了减少父母的担忧就要怎样做呢？（提示：把情况跟父母讲清楚，征求、尊重父母的意见）

四 知行合一

1.善于体会父母对自己发自内心的爱，关怀父母的物质生活和精神生活，认识到自己的作为与父母的感受息息相关，学会尊重父母的意见。

2.做到智慧地孝顺父母。"顺"不是父母所有的要求都去做，而是要依据道德标准先分辨对错，用理智去孝顺。当父母的话是对的，就要记住并落实；当父母的话是不对的，不要当面顶撞，要懂得顺势而为，不让冲突更大，要先退一步，等待好的时机再跟父母沟通。

第四十一天

孝亲亲责莫回言

2002 年 4 月 20 日

可是给父亲的药，父亲总不愿意吃，有时莫名其妙地扔掉药物。

邻居问我："为什么不生气？"我说："老人心情不好，不冲儿子发火，还能冲谁发火？"

父亲将不好的情绪都发泄出来，我心里会更高兴。

2004 年 4 月 3 日

父亲的眼睛还是盯着我，让我走，说："你以后不要回来了，你根本不是真心照顾老人。"

我想大哭，母亲竟然也责备我没有用心伺候他们，让我快走。我走出门外，泪水长流。

回头从门缝再看父母，忽然我看到母亲眼圈红了，我一下子明白了，父母这样做是想气走我，用这种方式给我一个理由，不再拖累我。

我推门进屋，望着父母强笑着说："爸妈，你们打吧骂吧，二月了，天慢慢暖和了，我想带你们出去看看，反正我是离不开你们。"

母亲流着泪说："春儿啊……"

《忠孝家国情》选读

一 感 悟

1.第一篇日记中，"我"为什么能够坦然接受父母冲自己发火呢？（提示："我"能够理解父母的心，知道父母内心深爱着自己）

2.在父亲责备时，"我"还想着父亲将不好的情绪发泄出来会更好，而不是和父亲争吵，这里启示我们怎样才能把孝道做好呢？（提示：要做到心中时时有父母，学会为父母着想）

3.第二篇日记中，当"我"看到母亲眼圈红了，一下子明白了什么呢？（提示：父母哪能不爱儿女，这是父母对"我"的另一种爱，放弃自己的生命，只为不拖累儿女）

4.父母对我们的爱是发自内心的，有时候，对我们的责备更是爱的表达。回想一下，在父母责备你的时候，你心里是怎样想的呢？

二 明 理

1.讲解

《弟子规》中说："父母教，须敬听。父母责，须顺承。"意思是，父母教导我们为人处世的道理，应恭敬聆听。父母责备教训我们时，应恭顺地虚心接受。在父母呼唤着需要我们的时候，我们要顺应；父母教育我们做人做事的时候，我们要顺应；父母用责备、责骂、责罚的方式来教育我们成长的时候，我们也要顺应父母。而要做到这些，可能你会说很难很难。但是比起父母为我们儿女所做的一件件事情，即使再难，我们也要尽量去顺应父母。

父母的责备其实是一种爱，更是对子女的期望。这时候，做儿女的要理解父母的心，反省自己，修正自己，更要感恩父母用这种方式

来成就、磨炼、教育自己。即使父母真的责怪错了，也要恭敬地聆听，等待父母心情好了再解释。一个人的性情可以在日常琐事中表现出来，孝道也体现在这些细微的事中。

2. 思考

《养蒙便读》中说："侍于亲长，声容易肃，勿因琐事，大声呼叱。"这是告诉做子女的，在父母长辈面前，言语表情应该严肃恭敬，不能因为琐事而大声喊叫、呵斥父母。我们能否在言语、行为上做到这些，最终取决于什么呢？（提示：对父母的孝心、恭敬心）

三 交 流

1. 反思

如果一个孩子在父母面前大喊大叫，想一想，这时候父母会有怎样的感受呢？（提示：伤心）

2. 引申

当我们看到一个孩子在父母面前恭恭敬敬地聆听教诲，会对这个孩子产生怎样的印象呢？（提示：这个孩子很懂事）

3. 分享

当面对父母批评责备的时候，我们应该保持怎样的态度呢？（提示：要恭敬地聆听，当父母责备过于严厉的时候，我们更要体会父母恨铁不成钢的心，越发勉励自己。假如父母的责备违背道理或者误会我们了，也不要马上顶回去。这时候父母正在气头上，要让他们的火气快点消下去才好，等机会再沟通。假如父母越来越生气，就要视状况而定，要灵活，要为父母着想并赶快离开）

四 知行合一

1. 面对父母的批评时，要理解父母的责备都是出于爱护之心。这时候要反省自己做得不好的地方，下决心改过迁善。

2. 当父母责怪不当时，也要表面顺从，寻找时机再耐心沟通。要学习中华优秀传统文化，依据道德标准衡量是非。即使父母有过错，规劝的时候也要态度诚恳、声音柔和、和颜悦色。

第四十二天

尽孝不在贫和富

2005 年 5 月 15 日

晚上还是凉，昼夜温差也比较大，给父母洗脸泡脚后抱父母上床躺下，腾出手洗完一大堆尿布，家里挂满了彩旗。

卷起晾干的尿布，放在我枕头处足有一米高，我躺在父母中间，夜里便于闭着眼睛给父母换尿布。

《忠孝家国情》选读

一 感 悟

1. 这一篇日记是写"我"对病中父母的照顾，具体写了哪些事呢？（提示：给父母洗脸、泡脚、洗尿布、换尿布）

2. "我"照顾父母的这些生活细节，传递出怎样的情感呢？（提示：深爱父母）

3. 由这些生活的场景，可以想象，在你的成长过程中，父母每天都在重复着做哪些事呢？

二 明 理

1. 讲解

每个人出生在不同的家庭，或贫穷，或富有，然而，对童年的回

忆却都是相同的——温馨而幸福。父母对孩子的爱发自真诚，"父慈"无关乎富贵贫贱，"子孝"更应该这样。孝顺父母是出于我们对父母至诚感恩的心，与自己的身份地位没有任何关系。

2. 思考

《弟子规》中说："父母呼，应勿缓。"这是教育孩子一言一行都要恭敬父母。这样的教育，对孩子有什么深远影响呢？（提示：这是培养一个人的恭敬心、孝心，为人生打下基础，否则就会生起傲慢，傲慢心往往会毁掉一个人的前程）

三　交　流

1. 反思

有时候看到一些生活富裕人，虽然供养父母衣食充足，做事时却从不征求父母的意见导致父母忧心；或者总是认为父母老了，观念过时了，各方面都不如自己；或者父母生病，只是拿钱雇人照顾一下；还有一些不太富裕的人，以自己生活负担大作为不养父母的理由。这些行为都没有做到孝道，原因是什么呢？（提示：对父母没有感恩心和恭敬心）

2. 引申

有人说等自己有钱了，一定要好好孝敬父母，这种观念和做法对吗？（提示：不对。尽孝不在于有没有钱，而在于用心，并且要从现在开始）

3. 分享

古代孝道典范中有皇帝尽孝的故事，也有贫穷人尽孝的典范。这说明尽孝道会受自身的身份、地位、物质条件影响吗？（提示：不会。

无论在怎样的家庭环境中，只要有孝心，就会做到孝的行为）

四 知行合一

1.要以真诚的报恩心对待父母，照顾父母要亲力亲为、尽心尽力、不要请人代替。

2.在任何时期，任何状况下都要存孝心、尽孝道。在青少年时期虽然还不能在物质上赡养父母，但要做到"尊亲"，对父母多一些精神上的尊敬、爱护、体贴和安慰。

第四十三天

孝性温和孝味甘

1974 年 8 月 28 日

立秋后有了一丝凉意。我一直没有将自己"累得直恶心"的感受告诉父母，母亲对姥姥行孝不也没说自己重病在身吗？

另一个原因也很简单，父母非常心疼我。现在放暑假，我可以每天帮母亲干活，可是母亲总怕我累坏了身体；如果告诉了父母，我害怕父母以后不会让我再去装火车了，母亲会更加劳累。

2007 年 3 月 8 日

十多年了，不知道用我那辆三轮车与轮椅送父母亲去医院多少次了，不记得住院多少回了，化验单已经钉成厚厚的本子，脑子里恍惚着病房墙上大大的"静"字。此时，我仿佛还在消毒水的气味中浸泡着。

能侍候父母是幸运的，哪怕老人瘫在床上，孩子们回家也有个奔头啊，所以，好好侍候他们。我是幸运的，父母晚年是幸福的！

《忠孝家国情》选读

■ 感 悟

1. 第一篇日记描绘了"我"的人生就是行孝的历程。"我"为什么能够有这样的孝行呢？（提示：母亲的"身教"）

2. 母亲的孝心启迪了我的心灵。日记中哪句话揭示了这个主题？

（提示：母亲对姥姥行孝不也没说自己重病在身吗）

3.第二篇日记，随着时间的沉淀，"我"更深刻地体会到能够拥有父母是最幸福的。文中哪句话可以看出这一层意思呢？（提示：哪怕是老人瘫在床上，孩子回家也有个奔头啊）

4.从十几岁开始，"我"在承受着身体的劳累中行孝，而心灵却能从中获得幸福感。孝，让儿时的幸福在延续，让普普通通的每一天甜甜蜜蜜。结合这两篇日记，想一想，从哪里可以找到幸福呢？（提示：行孝报恩的生活里）

二 明 理

1.讲解

《孝经》中说："人之行，莫大于孝。"人的行为，最重要的就是孝。

孝，在人生的整个过程，温而补益，和而生机，幸福而甘甜。古往今来，人们从来没有停下过寻找幸福的步伐，或汲汲于富贵，或耽染于尘情，终不免心灵之无依。那些孝子故事之所以能传承久远，是因为诠释了幸福就在生命的起点。

2.思考

《孟子》中说："父母俱存，兄弟无故，一乐也；仰不愧于天，俯不怍于人，二乐也；得天下英才而教育之，三乐也。"古圣先贤把快乐建立在行孝道、感悟亲情和利他的行为上，就能获得幸福的体验。为什么有些人一生都体会不到真正的快乐呢？（提示：这些人如果把快乐建立在自私自利和追求个人欲望的满足上，永远不会得到真正的快乐）

三 交 流

1.反思

一些家长溺爱孩子，要什么就给什么，这样的孩子会形成什么性格呢？（提示：《三字经》中说："苟不教，性乃迁。"这样会助长孩子自私、懒惰的性格。而且，被溺爱习惯了就会好逸恶劳，一个人只要沾染上这种奢靡之气，就挡不住诱惑，一辈子成为物质的奴隶）

2.引申

如果孩子从小没有培养孝心，就会形成自私的性格，处处以自我为中心。想一想，这样的性格会导致将来怎样的生活状况呢？（提示：由于性格的自私，努力的目标不是为了要孝顺父母、奉献家庭社会，而是满足自己的物质欲望，这是很危险的。也是由于这种性格，他们往往会在生活、工作、人际交往中处处碰壁，很难如愿，人生也很难获得幸福）

3.分享

在古代的大家庭中，孩子童年时在家庭中落实孝道，中年时奉献人生，为家庭、社会谋福利，年老了回到家庭中享受天伦之乐。现在大多是小家庭，要怎样建设幸福家庭呢？（提示：传承中华民族的优良家风，让家庭中充满孝道）

四 知行合一

1.感恩地对待父母为我们所做的一切，让传统的孝道充满生活的每个细节，让自己的孝心孝行带给父母甜蜜与幸福。

2.努力在德行和学业上取得进步，让父母看到自己积极向上的样子，与父母分享自己成长的快乐，在父母面前展现更多的笑容。

第四十四天

孝从难处见真孝

2007 年 12 月 17 日

看着父母虚弱的生命，我心力交瘁。年底了，今年已经过去351天了，一年了，我基本上是陪着父母在医院度过的。

世界上最痛苦的事情，莫过于眼睁睁看着亲人痛苦，自己却无能为力！

天还是阴沉沉的，我没有想到母亲一天住院治疗的费用最多竟达到 11500 元，每天 5000 元的住院治疗费似乎是正常的，父亲的医药费可以报销，可是母亲是家属，不能报销一分钱的费用。

高额的医疗费用让我措手不及，却又不敢在父母面前流露出情绪来！除了卖房子，我一无所有。

任何让我放弃父母的理由我都不会接受。只要有希望保住父母的生命，即使租住在贫民窟里，我也会觉得满足。

我贴出了卖房启事……

《忠孝家国情》选读

感 悟

1. 日记中，"我"为什么心力交瘁？（提示：眼睁睁地看着亲人痛苦，自己却无能为力）

2."我"竭尽全力为父母治病，因为难以承受母亲高额的医疗费，只能怎样做？（提示：卖房）

3."我"可以找到放弃治疗的理由，为什么不放弃治疗呢？（提示："我"深爱着父母，把父母放在生命中的第一位）

4.父母的爱是天下最无私、最纯洁、最伟大、最珍贵的，从我们呱呱坠地到长大成人，谁能尽数父母的含辛茹苦？特别是艰难的时候，父母总把困苦留给自己。你有过这样的感受吗？

二 明 理

1.讲解

人生往往会遇到艰难险阻，而恰恰是这时候，才能显露人的风骨。在物质匮乏时，子路、蔡顺竭力奉养父母；在遭到父母兄弟迫害时，舜始终坚守着孝心；当父亲发现后母的虐待时，闵子骞依旧在为弟弟着想。人生中要想做到真孝、大孝，就要向子路、蔡顺、闵子骞这些孝子学习，放弃自己的享乐和怨恨心，一心一意孝顺父母，这是古圣先贤的人生智慧。

2.思考

在《论语》中，孔子说："孝哉，闵子骞。"孔子为什么点名称赞闵子骞的孝行呢？（提示：他能够放下心中的怨恨，一心为父母、为弟弟着想）

三 交 流

1.反思

越是艰难的时候越要保持对父母的孝心，才是真正落实孝道。孩子孝心的养成，除了向经典学习，更需要向谁学习呢？（提示：更需要向父母学习，只有做父母的真正落实孝道，为孩子做出榜样，孩子才会真正学到孝道）

2. 引申

在过去，孩子要和父母一起到田地里劳动，从中感受到父母的辛苦，容易生起孝心，学习的动力也是想通过自己的努力赶快让父母过上好日子。这启示我们在现代家庭教育中，怎样使孩子感知父母恩，激发学习进取的动力、增强克服困难的勇气呢？（提示：习劳知感恩，身教胜言教。也就是说，在分担父母家事的劳动中培养感恩心，在耳濡目染父母尽孝中培养孝心）

3. 分享

我们的父母大多比较含蓄，做子女的怎样训练自己的心细致敏锐起来，时时看到父母的需要呢？（提示：要学会过淡泊的物质生活，把目光投向内心世界，让自己的心沉静下来，这样就容易看到父母及他人的需要）

四　知行合一

1. 要把尽孝作为人生中的重要内容，并从中体会人生的意义和价值。

2. 要把困难留给自己，越是困难时越要尽孝道，让孝心浇灌幸福之花，消除父母的烦恼与忧愁。

第四十五天

亲由我孝寿比山

1999 年 2 月 25 日

杨澜坦言："我当时听完故事，问崔教授，如果那个时候妈妈没有送他出去读书，他如今会怎样。其实在我内心里，以为他会讲教育改变命运，讲感谢妈妈的话语。但是崔教授却说：'我宁愿当时妈妈没有送我出来，农村家里有一个儿子是很重要的，如果我当时留在农村，或许我一直不识字，但我父母或许不至于饿死。'这番话给我带来极大的震撼。"

《忠孝家国情》选读

感 悟

1.本篇日记讲的是杨澜对 1998 年诺贝尔物理学奖获得者、美籍华人崔琦的访谈。在世人眼里，崔教授取得了很大的成绩，可在教授心中永远的伤痛是什么？（提示：父母的饿死是崔教授永远的伤痛）

2.这个故事让你懂得了什么价值观？（提示：幸福需要亲人幸福的支撑）

3.父母晚年的生活与孩子有怎样的关系呢？（提示：孩子尽孝道，就能够使父母健康幸福）

二 明 理

1. 讲解

《百孝篇》中说："孝在家中大小欢。"孝子承欢膝下，父母颐养天年，一家人的生活就其乐融融。相反，假如孩子不懂孝道，父母忧愁挂念，伤身损命，人生能有什么幸福呢？

2. 思考

古人关于养生的说法很多，但集中到一点，就是要"养心"。《中庸》里说大德"必得其寿"，分析一下其中的道理是什么呢？（提示：有道德的人心地光明，"心底无私天地宽"，因为"无私"，就会安心处世，健康长寿。每天心平气和就是养心的关键）

三 交 流

1. 反思

人的生命有长有短，怎样做才是珍惜这些生命中的时光，让人生更有意义呢？（提示：尽到自己的本分与责任，尽力帮助他人，特别是以自己的人生经验和智慧帮助下一代）

2. 引申

孔子在《论语》中说："知者乐水，仁者乐山；知者动，仁者静；知者乐，仁者寿。"意思是，智慧的人爱好水，仁德的人爱好山；智慧的人活动，仁德的人沉静；智慧的人快乐，仁德的人长寿。那么，怎样做个仁德的人呢？（提示：常存仁爱的心，常做仁爱的事）

3. 分享

健康长寿是自古到今每个人的幸福追求。那么一个人的健康长寿

取决于哪些因素呢？（提示：观念、饮食、行为方式等）

四 知行合一

1.要智慧地引导父母接受古圣先贤的教诲，培养仁爱的品德。要多做促进父母健康长寿的事，带给父母快乐幸福。

2.要认识自己的言行与父母的健康息息相关，做好孝道的方方面面，比如，在日常家居的时候要竭尽对父母恭敬，在饮食生活的奉养时要保持和悦愉快的心情，父母生病时要带着忧虑的心情去照料，等等。

第四十六天

孝贵实行不在言

1998 年 1 月 2 日

转身回家时碰到了一位过去很投缘的同学，他正好元旦回家休假。

同学说："你如果当初去北京了，还用在瑟瑟寒风中晾晒尿布吗？"

我发现成年以后，有些同学朋友之间就无法沟通了，而且彼此很难说服对方。我没有时间争论什么，就说："老同学，陪伴是最长久的告白，守护是最沉默的陪伴。没有人替我晒尿布，我现在晒尿布过得很踏实哩！"

老同学皱着眉头，不解地摇了摇头，走了。

家属院昏暗的路灯下，我望着他的背影消失在楼房的拐角处，心里在反思，官职和名利真的很重要吗？人，如果没有人情味，荣华富贵没有"受体"，比如没有父母、亲人、好友为你高兴，"富贵"还有什么意义？

感恩父母，床前尽孝，让二老活得更长久，这是我对幸福的选择。

《忠孝家国情》选读

感　悟

1.日记中，"我"为什么选择了留在父母身边呢？（提示：为了更好地照顾病重的父母）

2.随着时间的流逝，"我"越来越坚定自己的选择。日记中的哪句话表达了这一层意思？（提示：让二老活得更长久，这是"我"对幸福的选择）

3.作者为什么感觉"我现在晒尿布过得很踏实"呢？（提示：因为知父母恩报父母恩，尽到了做儿子的本分）

4.通过日记中那位老同学的言语和表情，你觉得他是一位孝子吗？如果你是作者，会对他说些什么？

二 明 理

1.讲解

孝道不在言语而在行动，体现在孩子心中父母的位置和分量。孝是一种人生的实践，是一种高尚的人生行为，是一种心怀感恩的付出，是种种具体的行动。孝子能够时时看到父母的需要，不用等父母命令就能够主动去做，让父母心生欢喜。

2.思考

《论语》中说："色难，有事，弟子服其劳，有酒食，先生馔，曾是以为孝乎。"就是说，在长辈面前保持和颜悦色的态度最难能可贵。长辈有事情晚辈能出力，晚辈有酒菜请长辈吃喝，难道这样子就是尽孝了吗。可见，在尽孝中，孔子更强调什么呢？（提示：孔子更注重精神上的赡养，就是要保持和颜悦色，使父母精神愉快）

三 交 流

1.反思

日记的作者如果为了改善自己的工作生活状况选择去北京工作，

结果会怎样呢?(提示:很难照顾好瘫痪的父母,在心里留下终生遗憾)

2.引申

幸福人生需要奋斗,也需要抉择。建立理智的人生观,做对抉择首先要考虑什么呢?(提示:尽孝道)

3.分享

人生中的幸福感,其实都是源自做出了正确的抉择。我们现在的每一个抉择都会影响到什么呢?(提示:自己的幸福感、前途命运及子孙后代)

四 知行合一

1.要把孝养父母转化为自己的一种责任、自尊和精神追求。要堂堂正正做人、规规矩矩办事,要用具体行动安慰父母的心。

2.孝不能停留在语言上,要尽快付诸行动。比如:父母有事要子女去做时,应该答应并立即去做,不可拖延或推辞偷懒。如果这时候子女确实走不开,要向父母说明情况。

第四十七天

病中父母命攸关

1997 年 11 月 20 日

今天是三月二十一，我在母亲的床上横装了一圈钢管，也就是三面用钢管框住母亲，旨在让母亲伸手就能抓住东西借力翻身，避免无助感，也就有了安全感。母亲在床上就可以抓住钢管活动身子，并且一伸手就可取用钢管上的纸巾等用品。

我起名为卧床拐杖

2002 年 9 月 15 日

我当即去市场上花 5 块钱买了一只小黄狗，放在沉睡的母亲的怀中。母亲睁开眼看到了小狗，笑了。

2002 年 10 月 18 日

今天我特意买了一束花放在母亲床头，还买了两幅玫瑰花墙画，贴在父母屋子的墙壁上。

《忠孝家国情》选读

一 感 悟

1.这三篇日记分别写了什么？（提示：第一篇日记写"我"发明卧床拐杖，第二篇日记写让寂寞"走开"，第三篇日记写买花和画装饰家）

2.这三篇日记揭示了一个什么主题？（提示：尽心尽力关注病中

的父母，让父母活得舒服一些，心情好一些）

3.孝子为什么能够守护父母的生命呢？（提示：与父母有亲情、孝道连接）

4.疾病以预防为主才是最好的，这就要求我们多关注父母的身体健康，有病及早治疗。你了解父母身体的健康状况吗？

二 明　理

1.讲解

日记中，孝子竭尽全力守护着父母的生命，更以种种"发明"维护着父母的尊严。正如《孝经》中所说，孝道做到极致，自然"无所不通"。要对父母有真正的孝心，任何情况下都知道该怎么做。

2.思考

《论语》中说："父母唯其疾之忧。"父母爱子女无微不至，唯恐子女生病。我们应该怎样做呢？（提示：要能够体会到父母的这种心情，在日常生活中格外谨慎小心，要学会照顾自己，减少父母的担忧）

三 交　流

1.反思

父母生病时，怎样能让父母尽快康复呢？（提示：采用最佳的治疗方案，消除父母精神上的忧虑牵挂，尽心照顾，使父母获得精神上的安慰）

2.引申

父母生病时要积极治疗，但如果得了不治之症，医院建议放弃治疗了，当儿女的应该怎样做呢？（提示：使父母得到精神的安定与提升）

3.分享

古代有"黔娄尝粪"的故事，那时候医疗技术不发达，现在我们可以借用科技手段来化验。在当今环境下，这个故事有什么现实意义呢？（提示：启示我们要格外关注父母的身体健康，传承黔娄的至孝精神）

四 知行合一

1.要学习掌握基本的医疗常识，带给父母有益健康的理念，减少和控制疾病的发生。

2.父母或长辈生病时要多问候多陪伴，细心照顾。如果吃中药可以试一下温度；如果是西药，端水时也要考虑冷热。一旦病情严重，更要昼夜服侍，不可以随便离开。

第四十八天

及早尽孝时不待

2008 年 1 月 20 日

路灯下，满天雪花，我心头涌出一阵阵不祥的预感。我又在崩溃的边缘挣扎，只有望着窗外雪夜无尽的天空，才能有一丝平静。

护理二床病人的戴大姐也说："兄弟，你看你已经累成啥样了，小心你也垮掉，你父母最大的希望是你健康。"

屋子里几乎所有人都劝我放弃父母。

大夫也表态：建议放弃。

天哪！怎么办，怎么办，怎么办，怎么办……

我憋得难受，跑出了病房，跑出了大楼。

仰望天空，雪花下得很紧很密，转眼间我融入了一片白茫茫的天地间。天也有情，这白雪不正是爸爸的生日蛋糕吗！

《忠孝家国情》选读

感 悟

1.这一篇日记写了什么呢？（提示："我"拥有父亲的幸福时光已经不多了）

2.这篇日记揭示了一个什么主旨？（提示：行孝不能等）

3."逝者如斯夫，不舍昼夜。"时光就像流水一样流逝，一去不复返。

人生要珍惜时光做哪些有意义的事呢?

二 明 理

1. 讲解

《孟子》中说:"事,孰为大?事亲为大。"这就告诉我们,生活中侍奉父母最重要。我们每天做事要分清轻重缓急,与人交往中要学会拒绝不必要的应酬,把时间用来做人生最重要的事——孝养父母。很多人说"人在江湖,身不由己",其实都是借口。任何事只要我们有心,就能做得很好。庄子说:"君子之交淡如水,小人之交甘若醴",朋友相交建立在道义、情义上,就能体会到对方有很多分内事要做,就不会每天黏在一起。而"小人"有目的,等哪一天目的达到了,他就会变成另一个样子。所以,选择朋友要非常谨慎。

《关河道中》诗中说:"但见时光流似箭。"时光似箭,日月如梭。行孝一定要懂得珍惜时间,及时去做,这样内心才会踏实。人生不能等待的两件事就是行孝和行善。

2. 思考

《论语》中说:"父母之年,不可不知也。一则以喜,一则以惧。"意思是,父母的年龄,做子女的不能不知道。既因为双亲的年高体健而高兴,又因为双亲岁数大而担心。父母年岁越高,距离人生的终点就越近,儿女与父母相处的时间也就越短了。那我们应该怎么做呢?(提示:要拿出更多的时间、最大的感情对待父母,格外珍惜与父母相处的时光)

三 交 流

1. 反思

下面甲乙二人的一段对话中，乙唤醒了甲的孝心。甲说："今天晚上没事儿，我请你吃夜宵好不好？"乙说："我已答应要到母亲那里吃饭，今天很抱歉，不能跟你去了。"乙这样一说，甲心里想，自己都已经一个月没有回家看父母，于是说："我也该回家看看了。"想一想，唤醒大众孝心的最好方式是什么？（提示：自己力行孝道，大家看到榜样就会唤醒孝心）

2. 引申

如果每天的应酬很多，想找时间陪伴父母，要怎样拒绝他人呢？（提示：可以跟对方说我已经答应我妈妈今天晚上陪她，所以我得回去。一般来说，朋友听你说要回去探望父母就不会勉强了）

3. 分享

一个孝子说："行孝是最快乐的。"他的母亲十多年来身体一直不好，所以他推掉了很多应酬，只要一有空就赶快回家陪母亲。这样做了十多年，内心很欢喜。当母亲去世之后，他有一个深刻的体会，就是这十多年的抉择是正确的，假如把陪伴母亲的时间用于应酬，一定会很遗憾。我们从这个孝子身上学到了什么呢？（提示：要多陪伴父母，将来才不会遗憾）

四 知行合一

1. 要减少一些应酬和活动，多找一些时间陪伴父母。不在父母身边时，也要经常通过微信、电话和父母聊聊天，比如自己做个日常规划，安排时间定期联系父母。

2.在父母身边时，要能够耐心地听父母的唠叨，主动把自己的事和父母沟通，并努力创设温馨的场景让父母获得幸福感。比如，把自己努力取得的成绩向父母汇报，在父母生日时送上祝福，陪父母散散步、旅旅游等等。

第四十九天

亲死知孝后悔难

2008 年 4 月 12 日

晚上，回到了熟悉的家。

苍天，您知道吗？

夜幕中用钥匙打开了养我长大的家。家，为什么这么冷清？父亲母亲怎么都不在家呢？

父亲最喜爱的小柜子还在那儿……父亲像宝贝似的小箱子，怎么落满了尘土？

父亲永远地走了！

眼前那一块块旧棉花，那一块块破布，母亲怎么不来收拾？那是母亲的宝贝，她从不舍得丢弃……

母亲也走了，劳作了一生的母亲也走了，这个家真的散了。家，太凄凉、太冷了。

《忠孝家国情》选读

一 感 悟

1. "我"回到了熟悉的家。家，为什么这么冷清呢？（提示：因为父母不在了）

2. 家里一切如旧，只是父母不在了，"我"内心的感受怎样呢？（提

示：凄凉）

3.试想一下，如果是一个没有尽到孝道的孩子，在此时此刻，面对此情此景，他内心的感受会怎样呢？（提示：悔恨、痛苦）

二 明 理

1.讲解

"丝丝白发儿女债，道道深纹岁月痕。"父母的青春灌溉了孩子的人生，孩子日益茁壮，父母却日渐衰老。"子欲养而亲不待"，趁父母还在，要多找时间陪伴父母，不要给自己留下永远的遗憾。

2.思考

《孔子家语》中说："树欲静而风不止，子欲养而亲不待。"意思是，树想静下来，风却不断地刮使树枝摇动；儿女想孝养父母了，但可惜这个时候父母已经不在人世了。这句话有什么寓意呢？（提示：人生无常，总有很多的无奈，孝养父母的很多事等想去做的时候已经来不及了）

三 交 流

1.反思

"活着不孝，死了乱叫"这句俚语批评了那些假装孝顺的人。为什么我们周围会存在这些"皋鱼之哭""俚语之讽"呢？（提示：一些人没有真正理解人生的意义，没有尽孝道）

2.引申

多少老人直到生命最后一刻，还在为儿女着想，可儿女总是在为自己的事忙碌啊！等到了为自己的孩子着想时，才发现自己为父母做

得太少了。想一想，怎样使"子欲养而亲不待"的遗憾不发生在自己身上呢？（提示：趁父母健在，好好孝养）

3.分享

在一个热播广告中，一个小男孩吃力地端着一盆水，天真地对妈妈说："妈妈，洗脚！"这个广告感人的地方是什么呢？（提示：小男孩那一份至深的爱和发自内心的感恩）

四 知行合一

1.尽孝要从现在开始，从小事做起，不要等待将来。

2.无论在不在父母身边，都要尽孝心，行孝道，不要留下遗憾。

第五十天

孝子贫穷终能好

2007 年 4 月 8 日

是呀，命运是自己主宰的，人生之路是上天依据一个人的品德与行为一步一步编写的，今天的命运就是昨天做事的结果。抱怨命运是愚蠢的，在任何困境中都坚守孝敬父母、帮助别人的信念，家才会好起来。

我坚信，天地万物各得其所，家，也会相安无事。

《忠孝家国情》选读

感 悟

1. 日记中，"我"在艰难的生活中，始终坚守着怎样的信念？（提示：孝敬父母、帮助别人）

2. 综合前面的日记，说一说"我"在行孝与行善过程中收获了什么？（提示：不但改变了自己的生活，更获得了大家的尊敬）

3. 每当遭遇困难与挫折时，只要心里有一种信念与期待，就容易熬过苦难获得成功与喜悦。在你的为人处世中，要坚守哪些人生信条呢？

明 理

1. 讲解

《论语》中说："君子务本，本立而道生。"君子致力于人生的

根本——孝道。我们把孝养父母作为人生中最重要的一件事，道德学业由此起步，"日日新，又日新"，这是自然而然的。翻开书来看，舜、子路、黄香等数不清的古圣先贤，都是在行孝中实现自己的人生价值。

中国人自古很重视"德"，重视行善。善行很多，明朝袁了凡在《了凡四训》中列举了很多种行善的方法，分别是与人为善、爱敬存心、成人之美、劝人为善、救人危急、兴建大利、敬重尊长等。进一步讲，行善积德就是通过各种方法将内心的私念消除，使自己的美好品德得以显现。行善积德，不在乎外在形式，关键是自己品德的提升。

《国语》中说："夫德者，福之基也。"《说文解字》中说："福，佑也。"《尚书·洪范》中讲到"五福"：第一福是"长寿"，第二福是"富贵"，第三福是"康宁"，第四福是"好德"，第五福是"善终"。"五福"合起来才能构成幸福美满的人生。五福当中，重要的是"好德"，随时随地做有利于他人的事，行善积德，才可以培植其他四福不断增长。

父母在行善、立身行道的过程中就是给予下一代最好的身教，这是父母的智慧。

2. 思考

《易经》中说："积善之家，必有余庆；积不善之家，必有余殃。"这是告诉人们期望获得"余庆"，开拓美好生活，需要怎样做呢？

（提示：需要"积善"，见到美善的品行就要努力学习，有了错误就要迅速改正，孝于家忠于国，奉献人生）

三 交 流

1. 反思

《大学》中说："君子先慎乎德。有德此有人，有人此有土，有土此有财，有财此有用。德者本也，财者末也。"也就是说，德行是根本，财富是末事。古圣先贤把德行放在第一位，因为一个人的德行关乎人生的成败。这就明确了人生规划的重点是什么？（提示：要重品行，从小学会做人做事，将来才会有所作为）

2. 引申

古人教育孩子："勿以善小而不为，勿以恶小而为之。"这句话给做父母的什么启示呢？（提示：大善都是从小善做起，大恶也是从小恶积累的。孩子的一言一行，父母都不能苟且）

3. 分享

一个人孝敬父母、乐于帮助别人，对个人和社会有什么好处呢？（提示：获得别人的尊重与爱戴，获得良好的人际关系，有助于促进人生的发展）

四 知行合一

1. 在贫穷艰难的时候，在人生不如意的时候，更要坚守孝道，做到自己的本分，尽到自己的责任，提升自己的道德修养，培养经营家庭、开拓事业的根基。

2. 努力行孝行善，传承和弘扬中华好家风，给自己和千万家庭带来幸福。

第五十一天

一个孝字全家安

1997年2月1日

我将自己发明的几十件照顾瘫痪老人的用具带到"罪犯教育"课堂上，让服刑人员从"孝"的角度给我出主意当参谋。服刑人员由我的孝心想到自己的父母，就忍不住暗自流泪。

下课后，刘管教笑哈哈地对我说："你这是教育创新啊，不经意间就达到了效果！"

我介绍说："我发现最有效的软化罪犯心灵的途径是孝道。"谢教导员说："完全认同，孝道教育应该推广。"

午餐时我在监号里缝保护老人的安全带，用行动告诉服刑人员我在行孝、作表率，实际教育效果远远高于我的预测，原来教育就是上施下效、正己化人。

《忠孝家国情》选读

■ 感　悟

1. "我"为什么把发明的瘫痪老人的用具带到犯罪教育的课堂上？（提示：用自己的孝行"启发"犯人的孝心）

2. 结合日记中"最有效的软化罪犯心灵的途径是孝道"，谈一谈怎样帮助一个人改正错误。（提示：把行为结果和孝道联系起来，引

导他知恩报恩）

3. 这些服刑人员如果从小常念父母恩，有孝心，行孝道，谨记父母的教诲，不断提升自己的品德修养，就不会走上犯罪的道路。可见，人生中要想平安如意，你需要从哪里起步呢？（提示：行孝道）

二 明 理

1. 讲解

一个人有孝心，心中就会常常想到父母，一举一动都会想到父母的感受。为了不让父母担忧和蒙羞，就会警诫自己不做不合理、不合法的事。为了报答父母恩，就会努力为父母争光，砥砺自我，不断取得进步。所以，力行孝道就会使自己平安、优秀。

《左传》中说："人谁无过，过而能改，善莫大焉。"孔子说："有颜回者好学，不迁怒，不贰过。""不贰过"就是同样的过失不犯第二次。人都可能犯错误，只要能够真正改过，前途依旧光明。

2. 思考

《孟子》中说："惟孝顺父母，可以解忧。"意思是，只有对父母孝顺，让父母开心，才能使自己得到安慰，解除忧虑。这里，孟子是在告诉人们，人生要想获得真正的快乐，你要从哪里用心呢？（提示：孝道）

三 交 流

1. 反思

很多人都是在遇到打击或者晚年才意识到自己的孝道做得不好。想一想，怎样使自己从小就有这种对孝道的觉知与关注呢？（提示：

从小多读古圣先贤的经典，落实古圣先贤的教诲）

2.引申

人生的幸福感不仅来源于物质生活的进步，更主要的来源于什么呢？（提示：父母健康快乐、家庭和睦、人际和谐等）

3.分享

我们从小在父母的爱护中享受着平安快乐，"爱出者爱返"，家庭的和乐融融、幸福美满蕴含在哪里呢？（提示：孝敬父母、利于他人的言行中）

四　知行合一

1.要力行孝道，并在尽孝的过程中体会内心的安宁与快乐，不断提高自己的孝道修养。

2.要培养自己孝悌忠信、礼义廉耻的品德，以此作为自己言语行为的规范准则。

第五十二天

耕读忠孝传家远

2002年2月27日

我看他听得认真，继续说："有了能力就能拥有财富吗？你身边有才能的人都是千万富翁吗？不是的，所以德是根，财是花。"

他问："王警官，你的办法呢？"

我说："依我看，你自己首先要当好人，为孩子积福，然后教孩子好好做人，老人们常说，人生少年不宜过顺境，中年不宜过闲境，老年不宜过逆境。孩子有德了，自然就有好日子了。"

俗话说，"富不过三代"，相对应还有一句广为流传的话，"忠孝传家远，诗书继世长"，具有忠诚、厚道的道德品质的家庭，才能够长久地绵延下去。认真读书，学习前人优秀品质，可以使家族长久地传承下去。

《忠孝家国情》选读

▬ 感 悟

1. "忠孝传家远，诗书继世长"是苏东坡在《三槐堂铭》中强调的。这副对联道出了中华民族作为礼仪之邦所崇尚的怎样的家风呢？（提示：对内尽孝、对外尽忠、诗书飘香）

2. 在中华民族的优良家风中，很注重耕读，"耕"是自食其力的生活；"读"是读书，从古圣先贤的经典中学习经验与智慧。那么，我们从

小在家庭中要怎样传承耕读家风呢？（提示：自己的事情自己做，还要尽力帮父母分担家务；从小学习中华优秀传统文化，读诵中华民族传统的启蒙经典，并在生活中落实）

二 明 理

1. 讲解

曾子说："夫孝，德之始也。"传统的教育始于孝道。当孩子在家庭中培养了孝心，步入社会时，从小对父母的爱与敬自然延伸到尊敬长辈、友爱兄弟，这样很自然地从家庭延伸到团体。一个人以"礼义廉耻"为准则，就能够为团体、为国家服务奉献，成就人生，这些都是从"孝"生发的。清代曾国藩在写给儿子的家信中说："唯读书则可以变其气质。"他在信中不仅表达了读书改变气质、陶冶情操的道理，也指明了要读经典、要读懂读透的读书方法。读诵这些经历过时间考验的经典，汲取其中的思想智慧，"既能孝于家，必能忠于国"。

2. 思考

《中庸》中说："故大德必得其位，必得其禄，必得其名，必得其寿。"意思是，有大德的人，一定会得到他所应该享有的地位，必然会得到他应有的俸禄，必然会得到他应有的寿命。这是《中庸》中引用孔子的话，孔子对舜的赞叹有什么用意呢？（提示：希望后人效仿舜大孝的精神，收获幸福的生活）

三 交 流

1. 反思

如果孩子自己能承担的事都被父母做了，这就是溺爱，不是真正

爱孩子，为什么呢？（提示：这样做让孩子失去了学习、历练的机会，不利于孩子的成长）

2.引申

传承中华民族的好家风能使家庭兴旺、子孙贤良。那么，在家庭中树立好家风，主要靠谁呢？（提示：主要靠父母。父母首先学习中华优秀传统文化，为子女做出榜样，才会让孩子得到教育、传承好家风）

3.分享

明代朱柏庐《治家格言》中教导孩子："黎明即起，洒扫庭除，要内外整洁。"就是说，天刚亮就起来打扫庭堂院落。这样做对孩子的发展有什么好处呢？（提示：这样会培养孩子的做事能力和责任心，责任的承担是成长的开始，有担当的孩子才会有所作为）

四　知行合一

1.学会自己的事情自己做，在家庭中培养勤谨的生活态度和责任心。在学习中要做到勤奋努力，在工作中要做到尽职尽责。

2.要从小学习中华优秀传统文化的经典，并注重在生活中的落实。比如，学习《弟子规》，要学一句做一句，理解指导着力行，通过力行又加深理解，这样解行相应，才能不断取得进步。

第五十三天

孝化风俗人品端

1999 年 7 月 2 日

我正发愁排不上号，刘中医恰好出门，看到我就喊："大孝子来了，让孝子的母亲优先看病。"

小诊所门口有 3 个台阶，一群人上来帮我抬起轮椅上台阶。

看完病我激动地想，带母亲去看病是儿女的本分，竟然会得到这么多好心人的礼遇和关照。

推母亲逛百货大楼，许多好心人帮我抬轮椅上台阶。

在路上，路人不仅帮我抬母亲还会鼓励我。

2003 年 6 月 3 日

刚进门时，医生面无表情，可是看到我递过去的贴满化验单和药方的厚厚本子，再翻看我写的母亲的详细病情后，便对我热情起来，看完病还将我与母亲送出了门。嘴里喃喃地说："这样的儿子，少见。"

《忠孝家国情》选读

感 悟

1.第一篇日记写了什么事呢？（提示："我"带母亲看病，得到了许多好心人的尊重和帮助）

2.第二篇日记中，大夫为什么从冷漠变得热情呢？（提示：大夫

被"我"认真对待母亲病情的孝行所感动）

3."我"经历的这一系列事实揭示了孝的力量。我们无法帮助每个人，但每个人都能帮助身边的人。想一想，"我"为什么能够获得大家的帮助呢？（提示：帮助别人的动因是爱心，爱心来自孝心。每个人都在父母的关爱下长大，"我"的孝行自然会引发大家的爱心）

4.孝道、感恩与爱心是一体的，能唤醒他人的帮助。只有付出才能拥有。那么，你怎样做才能在人生中遇到更多的贵人帮助呢？（提示：培养感恩心，尽心尽力孝养父母，关爱他人）

二 明 理

1.讲解

在生活中，孝子做出了尽孝的榜样。那些看到孝子行为的人，自然心生感动，回家就会孝顺自己的父母，这就是古人常讲的教化。古人用"孝"和"廉"衡量一个人能不能为国家人民服务。孝是做人的根本，廉是做事的根本，有孝心才能服务大众，有廉洁才不会图谋私利。中华民族传统的家风家教特别注重孝道和廉洁的教育，从小就培养孩子的孝心和廉洁心。只要我们落实孝道，用实际行动践行孝道，让社会大众看到榜样，就能够淳化风俗，带动社会的好风气。

2.思考

《礼记》中说："故人不独亲其亲，不独子其子。使老有所终，壮有所用，幼有所长。鳏寡孤独废疾者皆有所养。"意思是，所以人们不只把自己的亲人当亲人，不只把自己的儿女当作儿女，这样使老年人能够安享天年，使壮年人有贡献财力的地方，使年幼的人能得到良好的教育，使年老无偶、年幼无父、年老无子和残疾的人都能得到供养。

这是《礼记》中对理想社会的描述。思考一下，实现这个理想的前提是什么？（提示：每个人都能够在自己的家庭中落实孝道）

三 交 流

1. 反思

当我们在社会上人际关系不好，事业也经营不好的时候，需要从哪些方面寻求改变呢？（提示：反思自己的孝心孝行，努力孝养父母，提升道德修养）

2. 引申

我们不要小看"孝"的力量，一个人的真诚心、真德行，能够感动、唤醒他人。由此，我们要怎样对社会作出贡献呢？（提示：只要我们践行孝道，让社会大众看到榜样，就能够淳化风俗，带动社会的好风气）

3. 分享

隋朝的辛公义到岷州当刺史，当地风俗害怕病人，如果一个人患病，全家人就躲避他，父子、夫妻之间也不会互相照料，因此患病的人大多数会死亡。辛公义对这种情况感到担忧，想改变当地这个习俗。于是分别派遣官员巡行观察管辖地，凡是患病的人，都用床抬来，把他们安置在处理政务的大厅里。他的俸禄全部用来买药，请医生为他们治病。等到他们的病都好了，辛公义才叫他们的亲人来，那些病人的家属都十分惭愧。后来，这里的人开始关爱病人，这种风俗终于改变了。我们从辛公义身上学到了什么呢？（提示：只要以实际的行动和高尚的品德来唤醒大众的良善之心，就能把不好的风气扭转过来）

四 知行合一

1.要认识孝道的价值，力行孝道，不断播撒幸福人生的种子。

2.要身体力行弘扬孝道，为大众做出尽孝的好榜样，引导社会的好风气。比如：在公共场合主动帮助他人、积极参加关爱老人的志愿服务活动，等等。

第五十四天

百行万善孝为首

2005 年 5 月 18 日

我依旧迈着不变的、有序的步伐过着每一天。

早晨 5 点起床，为父母量血压、诊心率、熬粥；6 点半，伺候父母穿衣起床、洗脸刷牙，给父母亲测血糖、打胰岛素、喂药；7 点钟，给父母喂饭；7 点半，漱口，换被褥，抠大便，再将父母抱上床。我用 5 分钟吃完饭，骑车上班。

中午下班，抱父母到轮椅上活动一下身体，喂父母吃药吃饭，再照顾父母躺下，然后赶紧吃饭、上班。

下午 5 点半下班，给父母穿衣服，背父母下楼，推着父母到外面呼吸新鲜空气；6 点半回家，背父母上楼，给父母亲测血糖、打胰岛素，然后做饭、喂药、喂饭、洗脚、洗脸、擦洗身体，抱父母上床。

晚上 8 点半后，将父母头天晚上和白天换下来的屎尿布洗净、晾好。

晚上 10 点，再为父母测一次血压。然后坐在父母床头，边给父母按摩，边看书写作。

半夜 12 点休息。

《忠孝家国情》选读

■ 感 悟

1.这一篇日记记录了什么呢？（提示：记录了"我"一天的孝行）

2.面对生病的父母，"我"每天做着相同的事。这个时间表是在生活中自然形成的，日复一日，"我"收获了什么？（提示：内心得以安宁，精神得以升华）

3."我"这个日程安排是在生活中自然形成的，同时也是动态的，随父母的状态而变化，是"孝"的具体化。这也启示我们怎样落实孝道呢？（提示：在每一天中，把自己对父母的孝心转化为孝亲的种种具体行动）

4.父母的爱，是一种对儿女天生的爱，是自然的爱。犹如天降甘霖，沛然而莫之能御。自从我们呱呱坠地来到这个世界，父母就开始爱着我们，直到永远。那么，在你每天的生活中，都是用哪些行动表达对父母的孝心呢？

■ 明 理

1.讲解

《围炉夜话》中说："百善孝为先。"孝为百善之首，孝心有了，百善自然就有了。一个有孝心的人会处处为父母着想，会知道别人的父母同样辛苦，也会为别人的父母着想。孝是仁爱的起点，仁爱是孝的扩展，一个人正确的对人态度，都是从家庭中培养出来的。

《孟子》中说："亲亲而仁民，仁民而爱物。"这是讲爱的层次，只有当你能够爱亲人时，才有可能推己及人地去仁爱百姓；只有当你能够仁爱百姓时，才有可能爱惜万物。我们从爱父母到仁爱所有人，从对人有仁爱心扩展到对万物有爱心，这是一个人孝道的延伸。我们

德行的根本就是孝道啊!

2. 思考

《孝经》中说:"教以孝,所以敬天下之为人父者也。"为什么要教导孝道,就能形成博爱的品德?(提示:建立在对父母尽孝的基础上的教育,会不断强化感恩心,这种感恩的扩展就是由小爱到大爱,由爱亲到爱社会上的所有人)

三 交 流

1. 反思

《孝经》中说:"夫孝,德之本也,教之所由生也。"就是说孝是一切德行的根本,一切教化都是从它这儿生发出来的。想一想,为什么要教孝呢?(提示:一个孩子从小即知爱父母,少成若天性,习惯成自然,长大后就会很自然地爱兄弟姐妹,爱周围的人,爱国家,爱社会。教孝就是要由近及远,由易及难,一步步培养出孩子的爱心来,最终使孩子成为一个有道德的人)

2. 引申

《后汉书》中说:"以身教者从,以言教者讼。"意思是用自身行动教育人,别人就服从;用语言来教育人,别人就会争辩是非。也就是说,身教重于言教。这就启示做父母的怎样教孝呢?(提示:父母行孝道,在孩子面前做出榜样,孩子看到自然就会学父母的样,也应该如此这般去疼爱父母,从而使孩子从小就体悟到爱父母是怎样的一种滋味,培养了孝心)

3. 分享

《闲情偶寄》中说:"世间第一乐地,无过家庭。'父母俱存,兄

弟无故，一乐也'是圣贤行乐之方，不过如此。"这句话告诉人们什么道理呢？（提示：在行孝中就能感到幸福、体验到快乐）

四 知行合一

1.要把孝道灌注在整个生命中，做出行孝的榜样。

2.行善要从对父母行孝开始，扩大到对族人、亲戚、朋友，再扩大到对所有人。

第五十五天

敬老无穷孝无边

2004 年 1 月 26 日

父母状况还好，真的希望新的一年里所有的人顺顺利利、五谷丰登。可是另一种伤感涌上心头。

那是三十晚上，父母平安无事，我高兴极了。忽然想起那位大娘，于是骑车去了北关的养老院，看望那位大娘。

没料到冷清的养老院里，几乎每个房间床上都有人，那么多老人没有被儿女接回家。

《忠孝家国情》选读

感 悟

1. 日记中，"我"为什么在大年三十晚上去看望那位大娘？（提示：在万家团圆的时刻，给大娘送去亲情般的温暖，排遣大娘心中的孤寂）

2. 在大年三十晚上，父母平安无事，"我"便去养老院看望那位大娘。从这里，我们看到了一个孝子的心中，不但有自己的父母，还有谁？（提示：还有天下所有的父母）

3. 尊敬、关爱老人是每个人义不容辞的责任，当你遇到需要帮助的老人时怎样做呢？

二 明 理

1. 讲解

孟子说："老吾老以及人之老，幼吾幼以及人之幼。"就是说，在赡养孝敬自己的长辈时不应忘记关心其他与自己没有亲缘关系的老人；在抚养教育自己的小孩时不应忘记关爱其他与自己没有血缘关系的小孩。由此我们可以看到古圣先贤，一心为天下百姓、为后世子孙谋福利。"人皆可以为尧舜"，只要我们能够摒弃自己自私自利的心。

在中华民族历史上，无数仁人志士把自己和社会大众融为一体，开拓了美好的前程。我们只要跟紧古圣先贤的步伐，就会领略到人生的无限风光。

2. 思考

我们在《晋书》中看到，祖逖带着亲戚乡邻去避难，"以所乘车马载同行老疾，躬身徒步，药物衣粮与众共之"。他把车马让给老人，自己徒步。这些老人都说：我们虽然年纪这么大了，但是在晚年还可以遇到他，死都无憾。老人们为什么这样感动呢？（提示：这些老人感受到了爱和关怀）

三 交 流

1. 反思

《大学》中说："身修而后家齐。"就是说，自己品德好才能治理好家庭。一个人先自利、利益家庭，才能利益社会。其实，利人是最大的自利，助人就是在帮助自己。这其中的道理是什么呢？（提示：我

们可以通过这个助人的机会历事炼心，提升修养）

2. 引申

如果你是一名养老护理员，为老人服务时也要保持感恩心，感恩老人曾经为社会的付出。那么，这种心态要怎样培养呢？（提示：在自己家庭中，在孝养父母的过程中培养）

3. 分享

敬老助老是中华民族的传统美德，体现了人们对老弱群体的关爱。我们怎样传承这种美德，对弱势人群多一分帮助呢？（提示：有时间时可以去做志愿者，服务这些人群。有钱的出钱，有力的出力，这种行善的风气就会愈来愈兴盛）

四 知行合一

1. 要把对自己父母的孝心扩展到所有人特别是老人身上，生起对天下父母的爱心，尽力给予老人物质和精神上的帮助，使他们过一个精神富足、幸福快乐的晚年。

2. 要积极参与社会志愿服务，身体力行的关爱老人，倡导全社会尊老、爱老、助老，宣传典型人物事迹，努力营造全民敬老的良好氛围。

下篇

秋收万颗子

第五十六天

兄友弟恭

导　入

1.妈妈讲"李绩焚须"的故事：唐朝大臣李绩有一次去探望生病的姐姐，亲自为姐姐煮粥。因为风大烧了胡子，姐姐说："让仆人做就好了。"李绩说："姐姐年纪这么大了，我不知道还有多少机会能为您服务。"李绩是忠臣，也是孝子。一个人的德行都是从孝悌中建立起来的。妈妈引导：从李绩回答姐姐的话语中，可以看出他对姐姐充满感恩心。想一想，他在煮粥时，心里会想什么呢？（提示：姐姐曾经对自己的关心照顾）

2.指导孩子读一首描述兄弟情谊的诗："同气连枝各自荣，些些言语莫伤情，一回相见一回老，能得几时为弟兄；弟兄同居忍便安，莫因毫末起争端，眼前生子又兄弟，留与儿孙作样看。"研讨：读了这首诗，你有什么感受呢？（提示：兄弟之间要相互珍惜、相互友爱）

3.小结：兄弟之情，血浓于水。兄弟是陪一个人一生走过最长路的人。兄弟相处时要懂得忍让，不要因为一些小事伤了感情、起了争端。兄弟有情义、有恩义，好好团结在一起，才能让父母放心。五伦关系中讲兄友弟恭，做到兄友弟恭，家庭和后代子孙才会有很好的发展。

二 明 理

1. 讲解

《弟子规》中说："兄道友，弟道恭；兄弟睦，孝在中。"当哥哥姐姐的要友爱弟妹，做弟弟妹妹的要懂得恭敬哥哥姐姐，兄弟姐妹能和睦相处，一家人和乐融融，父母自然欢喜，孝道就在其中了。

"悌"包含兄友弟恭、尊敬长辈的礼节态度。五伦关系中讲兄友弟恭，做到兄友弟恭，家庭和后代子孙才会有很好的发展。在家里兄弟能够友爱、以礼相待，在外面与人交往时就能够把这个态度带出去，建立良好的人际关系。

曾子说："悌，德之序也。"序就是先后次序。悌有恭顺、谦逊、礼让的意思，一个人恭敬地侍奉兄长，这就是做到了悌，而这个悌是用心去做，所以加个心字旁，昭示我们心中不能忘记长幼次序，对兄长、长辈要有恭顺、谦逊的态度。一个人在家中面对长辈兄长，能够礼敬恭顺，这种恭顺的态度自然而然就形成了。

《大学》中说："上长长而民兴悌。"尊重长辈，上行下效，就会带动一个地方的好风气。古人说，快速走在长者前面，就是没有恭敬的态度。慢慢走，走在长者后面，就是对长者恭敬，难道有人做不到吗？每个人都可以做到，只是自己不愿意去做罢了。"少成若天性，习惯成自然。"所以一个人的品德、人格的形成，最重要的是在家庭。

2. 思考

《论语》中说："孝悌也者，其为仁之本欤。"为什么说孝顺父母、顺从兄长是仁的根本呢？（提示：父母兄弟是每一个人最亲近的人，如果对父母不能孝敬，对兄弟不能恭敬友爱，又怎么可能对其他人有

爱心呢？所以说孝悌是仁的根本）

三 交 流

1.反思

《弟子规》"总叙"中说"首孝悌"，为什么孝悌是首要的呢？（提示：做人的根本在孝道和友爱兄弟。当一个人孝、悌做到了，才会推己及人。只有恭敬地对人对事，才可能有大的发展）

2.引申

《朱子治家格言》中说："居家戒争讼。"现在一些兄弟为了财产对簿公堂。分析一下这样做会有什么后果呢？（提示：当兄弟之间发生冲突，相互争夺，甚至告上法院，给下一代做了很不好的示范，这个家族败象已露）

3.分享

五代时期的状元张士选，父亲去世早，他是叔叔带大的。他17岁去赶考前，叔叔把祖产分成两份。士选跟叔叔说："您有七个孩子，应分成八份。"叔叔不同意，张士选还是坚持分成八份。他这一让，不但让来了家庭的和乐，还让来了德行。我们从张士选的行为中得到什么启示呢？（提示：为人要有礼让的态度。在财物的取得与给予上，要做到多给别人一些，自己少拿一些，与人和睦相处。当家庭有这个风气，整个家族都会兴旺）

四 知行合一

1.要恭敬哥哥姐姐，培养对兄长的恭敬心；要友爱弟弟妹妹，培养对弟妹的爱护心。

2.对待同族的兄长，要如同对待自己的兄长一样友爱尊敬。与同龄人交往要像兄弟姐妹一样，态度恭谨、合乎礼节。兄弟相处时要懂得忍让，不要因为一些小事伤了感情、起了争端。

第五十七天

移孝为忠

一 导 入

1. 父子交流：《三字经》中说"香九龄，能温席；孝于亲，所当执"。这是讲东汉时黄香的故事，你能具体讲讲"黄香温席"的故事吗？（提示：东汉时，江夏安陆有一个孝子名叫黄香。他的父亲黄况，初举孝廉，在江夏郡任了一个五官掾的官，家业清贫，雇不起仆人。于是，黄香很小的时候就学做家务，奉养父母。9 岁的时候，黄香母亲去世。他因思念母亲而面容憔悴，身体几乎不能支撑到守丧期满。从此以后，他把全部的孝心倾注到父亲身上，对父亲的照料更加细心：夏天天气炎热的时候，他拿起扇子预先扇凉父亲要睡的床和枕头；冬天天气严寒的时候，他就先把父亲床上的草席和被褥睡暖和，再让父亲入睡）

2. 研讨：以孝名入仕的黄香在为官近四十年中，敢吐真言，勤劳忧公，爱惜民力。据史书记载，章和元年，章帝南巡时，汝南太守何敞为章帝特制了雕镂屏风。章帝让黄香记录这件事。黄香本来就对当时蔓延的奢靡之风深感忧虑，对何敞的做法不感兴趣。受命后，黄香不隐瞒自己的观点，写下了"古典务农，雕镂伤民；忠在竭节，义在修身"四句话，既批评了何敞伤民的做法，又提醒章帝重农爱民。从这件事中可以看出黄香怎样的品质？（提示：黄香以直言显示了"忠"，而见

"大孝")

3.小结：《孝经》中说："君子之事亲孝，故忠可移于君。"黄香在家庭中是孝子，能够把对父母的孝心延伸到关心天下百姓疾苦，这就是"移孝为忠"。

二 明 理

1.讲解

曾子说："忠，德之正也。"正就是不偏不倚，心不偏私。这个"忠"体现大公无私，时时以国家、团体为重。心中起邪念，对人就不忠，当然对自己也不忠。古人说："唯正己可以化人。"正己是真正成就德行。历代很多陷害忠良的人，他们也读过圣贤书，但降服不了自己的名利心，最后才会做出糊涂事。

《说文解字》中说："忠，敬也。"忠诚的人，对人一定恭敬，而且对每件事、每一个物品都会恭敬对待。注曰："敬者，肃也。"敬体现出来就是肃，肃就是保持镇静，在面对事情、处理事情的时候非常恭敬、尽力，所以恭敬的具体体现就是尽心尽力。

中华民族历史上无数仁人志士为国为民鞠躬尽瘁、死而后已的精神，不断激励着我们发扬这种精神，为国家人民而献身。

2.思考

春秋史学家左丘明在《左传》中说："临患不忘国，忠也。"就是说，在患难的时候不忘记国家，这就是忠诚。那么，青少年在和平时期要如何爱国呢？（提示：要树立爱国主义精神，参加社会实践活动，服务社会，努力提高自身素质为国家作贡献）

三 交 流

1. 反思

唐代诗人杜甫在《蜀相》中说："三顾频烦天下计，两朝开济老臣心。"无论历经多少个朝代，每当人们漫步在肃穆的蜀相祠堂时，都会沉痛地感怀诸葛亮的遗德。这是为什么呢？（提示：他做到了"鞠躬尽瘁，死而后已"）

2. 引申

如果一个公司发展不好，谁要负比较多的责任呢？（提示：领导者要负较多的责任，所谓"上行下效"。领导者对待员工轻慢，就会出现员工不主动付出的状况。作为领导者，应该有"行有不得，反求诸己"的态度）

3. 分享

作为一个员工，对公司要保持怎样的心态呢？（提示：要感念公司、感念领导者的恩德，要做好自己的本分。只有努力做好本职工作，能力才会日渐提升。当一个人有真正的能力，就会有更多自我发展的机会）

四 知行合一

1. 要尽心尽力做好自己的本职工作，忠于职守。

2. 要培养自己大公无私的心，时时以国家、团体利益为重。把个人梦想融入中国梦的时代大潮中，感恩社会，报效国家。

第五十八天

热爱祖国

一 导 入

1.播放一段抗日战争的影片，妈妈引导：影片中的战士们为什么能够英勇奋战、不畏牺牲呢？（提示：他们热爱自己的祖国）

2.研讨：在中华民族历史上曾涌现出无数爱国的人物和事迹，你能列举一些吗？（提示：戚继光驱逐倭寇、林则徐虎门销烟等）

3.小结：热爱祖国是中华民族的传统美德，是促进社会大发展的精神动力。"以热爱祖国为荣，以危害祖国为耻"，不仅是一个普通的道德准则，也是公民的生活规范和神圣义务。

二 明 理

1.讲解

"爱国，是人世间最深层、最持久的情感，是一个人立德之源、立功之本。"爱国是社会主义核心价值观公民层面的价值准则，由爱国而沉淀、凝结、传承的爱国主义，是中华文化的精髓。爱国是每一个公民义不容辞、不可推卸的社会责任。爱国精神表现为公民把个人的前途命运同国家民族的前途命运紧密地联系在一起，把人生理想融入国家和民族的事业中，为祖国的繁荣富强而尽忠守职、无私

奉献。

2.思考

南宋诗人陆游在《病起书怀》这首诗中说："位卑未敢忘忧国。"这句诗表达了对祖国的一种积极和支持的态度，虽然自己地位低微，但是从没忘掉忧国忧民的责任，它的主旨是什么呢？（提示：这句诗总结了中华民族热爱祖国的伟大精神，揭示了人民与国家的血肉关系，主旨就是热爱祖国）

三 交 流

1.反思

爱国不是一句空洞的口号，要把对祖国的爱落实到自己的行动中。怎样从我做起呢？（提示：在生活和工作中要做到孝敬父母，善待他人，诚实守信，遵纪守法，尽职尽责，无私奉献等）

2.引申

爱国就是要尽职尽责，对一个学生来说，应该怎样做呢？（提示：要努力学习科学文化知识，为祖国的建设贡献自己的力量）

3.分享

在建设中国特色社会主义的今天，怎样培养和践行爱国价值观呢？（提示：把以爱国主义为核心的民族精神与以改革创新为核心的时代精神结合起来，强化爱国责任意识，凝心聚力，实现中华民族伟大复兴的中国梦）

四 知行合一

1.要把自己的人生理想同祖国的前途命运紧密联系在一起，扎根

人民，奉献国家。

2.要了解中华民族历史，秉承中华文化基因，有民族自豪感和文化自信心。要时时想到国家，处处想到人民，把爱国精神转化为服务人民的具体行动。

第五十九天

学习雷锋

1.播放影片《雷锋》中的几个片段，爸爸引导：这部影片讲述了主人公雷锋从一个普通青年变成一名平凡而伟大的解放军战士的成长历程。影片中记录了雷锋的哪些事迹？（提示：在倾盆大雨中，他踏着泥泞的小路护送一位农村老大娘回家；他悄悄地寄钱给家中生活困难的战友的妈妈；为了支援灾区，他从自己平时积攒下来的微薄的津贴中拿出一百元钱捐赠出来）

2.研讨：影片中的几个生活片断，表现了雷锋怎样的品德？（提示：表现了雷锋乐于助人、艰苦朴素、全心全意为人民服务的高尚品德）

3.小结：雷锋，一个只有二十二年短暂生命的普通共产党员，在平凡的工作岗位上创造出不平凡的业绩。他以爱岗敬业、无私奉献的精神谱写了光彩的人生，几十年来在亿万中国人民心中留下光辉的色彩，久久传承。

明　理

1.讲解

雷锋是一个时代的楷模，雷锋精神是永恒的。雷锋精神，其实质

和核心是全心全意为人民服务，为了人民的事业无私奉献。

2. 思考

雷锋说："人的生命是有限的，为人民服务是无限的，我要把有限的生命，投入到无限的为人民服务中去"。这句话怎么理解呢？（提示：在有限的人生中，我们要珍惜时间，充分利用分分秒秒去为人民服务，这样就可以为人民做更多的好事，社会就会更加美好）

三 交 流

1. 反思

雷锋在短暂的一生中，先后当过通信员、拖拉机手、推土机手、汽车兵，不论做什么，他对待工作总是干一行、爱一行、钻一行、精一行。一个人在自己的工作岗位上应该怎样学习雷锋这种"钉子"精神呢？（提示：立足本职工作，尽职尽责，努力以钉子的"挤"劲和"钻"劲，在岗位上无私奉献）

2. 引申

在新时代的今天，我们为什么还要学习雷锋精神呢？（提示：今天，虽然人们的物质生活水平已显著提高，但以助人为乐、爱岗敬业、无私奉献等优良品质为精髓的雷锋精神仍然没有过时，并且永远不会过时，雷锋精神应该成为每一个人毕生的精神追求和自觉行动）

3. 分享

如今，互联网已成为人们工作和生活中的重要组成部分，怎样发挥互联网等新兴媒体的优势学习实践雷锋精神呢？（提示：可以运用网络平台，参加网络公益活动，让需要帮助的人得到帮助。这样，既增强了学雷锋活动的时代感，也会让自己在网络公益活动中获得快乐）

四 知行合一

1.学习雷锋精神，就要把崇高的理想信念和道德品质追求融入日常的工作生活，在自己岗位上做一颗永不生锈的螺丝钉。

2.学习雷锋精神，要从身边小事做起，积极参加志愿服务活动，并且要紧跟时代步伐，比如：运用信息网络平台开展扶贫帮困、慈善捐赠、助学助老等学雷锋活动。

第六十天

执笔尽忠

一 导 入

1.妈妈讲"司马光砸缸"的故事：司马光七岁时的一天，一群小孩在庭院里玩。一个小孩站在大缸上面，失足跌落缸中被水淹没，其他小孩都跑掉了，司马光拿石头砸开了缸，水流出来，这个孩子得救了。妈妈引导：这个故事的主人公是谁？他有什么品质？（提示：故事的主人公是司马光，他有爱心、有智慧）

2.研讨：司马光是著名的史学家，他用 19 年的时间主编了一部编年体史书——《资治通鉴》，你知道他编这本书的初衷吗？（提示：希望皇帝借鉴历史经验教训，治理好国家）

3.小结：司马光常常忧虑历代史书浩繁，君主很难全部浏览，于是他撰写了《通志》八卷，呈献给皇上。英宗看了十分高兴，让他继续写这部书。宋神宗赐书名为《资治通鉴》，让人每天为他进读。这也是尽忠的一种方式——执笔尽忠。

二 明 理

1.讲解

《左转》中说："居安思危，思则有备，有备无患。"意思是处

于安全环境时要考虑到可能出现的危险，考虑到危险就会有所准备，事先有了准备就可以避免祸患。这是中华民族传统的居安思危的思想，要把国家、人民的利益摆在首位，为祖国的前途、命运担忧分愁，为天下的人民幸福出力。

2. 思考

《孟子》中说"生于忧患，死于安乐"。意思是，忧虑祸患能使人生存发展，而安逸享乐会使人走向灭亡。这句话有什么启示呢？（提示：一个人如果常处于安乐的生活中，往往会不思进取，没有忧患意识就会走向灭亡。所以，人生中经历一些磨难，才能增长自己的才干，才能有所作为）

三 交 流

1. 反思

历史上大禹治水，曾经三过家门而不入。因为水患急迫，如果洪水泛滥，人民就会遭殃。大禹治水成功的根本原因是什么呢？（提示：心里装着人民）

2. 引申

朱熹称范仲淹为"第一流人物"。千年以来，各地有关范仲淹的遗迹为什么始终受到人们的保护和纪念呢？（提示：范仲淹倡导先忧后乐的思想和仁人志士的节操，得到人们的爱戴）

3. 分享

当一个公司遇到了困难，这个公司员工应该怎样做呢？（提示：要理智地和公司沟通，给公司建议。员工要时时想着自己的本分和应尽的道义）

四 知行合一

1.要热爱祖国,关心国家大事,时刻把国家、人民的利益摆在首位,做一个对社会发出光和热的人。

2.要坚定理想信念,志存高远,脚踏实地,勇做时代的弄潮儿,在实现中国梦的生动实践中放飞青春梦想,在为人民利益的不懈奋斗中书写人生华章!

第六十一天

履职尽责

一 导入

1.播放央视公益广告《我是谁》的视频，爸爸引导：广告中用温暖朴实的镜头语言传递出"我是中国共产党员，我一直就在你身边"。该片立意普通的身边的人物故事，他们都是谁呢？（提示：他们是离开教室最晚的大学生，是为了城市的整洁开工最早的环卫工人，是在手术台前救死扶伤却想到自己最少的医生，是在暴雨中依然坚守岗位的交警，是小镇中为大家带来光明、行动最快的邻家暖男，是知难而进、不辞劳苦牵挂大家最多的"村官"）

2.研讨：他们为什么能够这样呢？（提示：他们时时刻刻肩负着自己的责任，为身边的人和事贡献着力量）

3.小结：镜头下的这些人，他们普普通通，却尽职尽责，全心全意为人民服务，平凡而伟大。

二 明理

1.讲解

履职尽责是一个人面对事情和工作时必备的素养和态度。

履职尽责首先要有"活到老，学到老"的精神，把学习当作人生

的一种享受，在知识上不断充实自己，在工作中不断提升自己。其次要从自己做起，从现实做起，勇于承担工作责任，知难而进，乐于奉献。

履职尽责地对待自己的工作，才能展现人生价值，把人生理想融入国家富强、民族振兴、人民幸福的伟业之中，为党尽忠、为国尽职、为民尽责。

2. 思考

如果到一个新的环境，想取得成绩首先要怎样做呢？（提示：多看、多听、多学，老老实实做好自己的本职工作）

三 交 流

1. 反思

在工作中，有时候觉得自己比他人更有能力，但是成就却落后于人。想一想，这是什么原因呢？（提示：往往是自己没有做到尽心尽力、履职尽责）

2. 引申

为什么在工作中履职尽责，就会创造业绩呢？（提示：履职尽责地工作才会积累更多更好的经验，为开拓创新打下基础）

3. 分享

怎样在平凡的工作岗位上做一名不平凡的员工呢？（提示：以履职尽责的态度工作）

四 知行合一

1. 要热爱自己的本职工作，善于学习，在自己的工作领域坚持不懈地努力，全身心地投入工作。

2.始终保持事业心、进取心和责任感，坚持为国履职、为民尽责的情怀，学会对自己、对他人、对社会负责，把事业放在心上，把责任扛在肩上，认真履行自己的职责，不找借口推卸责任。

第六十二天

学会担当

一 导 入

1.播放歌曲《担当之歌》，妈妈引导：歌词中说担当是什么呢？（提示：担当是职责、是气魄）

2.研讨：歌词中说什么时候更能体现担当的价值呢？（提示：急难险重、民族危亡、身负重托、路见不平时）

3.小结：担当是一种责任。这首歌激励人们担当起服务人民的职责，担当起振兴中华的气魄。担当精神是实现中国梦必须具备的精神。我们每一个人都应当有自己的担当，无论做什么，都要体现责任和担当。

二 明 理

1.讲解

担当就是敢于承担责任，承担责任是对自己和他人负责，责任的承担是成长的开始。担当精神能激励自己为实现理想而努力，能使自己赢得自尊和自信，能使自己成长为一个对家庭、对社会有用的人。

新时代是属于奋斗者的时代，蓝图催人奋进，征途任重道远。走好新时代的长征路，需要我们不忘初心、牢记使命，需要我们面对重担勇于挑在肩上，面对矛盾敢于迎难而上，面对失误敢于承担责任，

在伟大事业中体现人生价值。

2. 思考

新时代青年该如何担当呢？（提示：坚定理想信念，义无反顾勇担当；练就过硬本领，知行合一能担当；注重方式方法，统筹关系善担当）

三　交　流

1. 反思

承担意识的熏陶对人生成长有什么意义呢？（提示：一个孩子有责任感、有担当，才会有理想、有目标，才会有学习和进步的动力。只有有了这种担当精神，才知道要为承担起责任而努力，激励自己积极进取，实现人生的目标）

2. 引申

人们为什么愿意与有担当精神的人合作呢？（提示：有担当精神的人能履行自己的责任，能够更有效地工作，而且更容易形成团队精神）

3. 分享

担当精神的价值有哪些呢？（提示：敢于承担就能够激发个人潜能，克服种种困难，实现自己的奋斗目标。敢于承担就能够赢得自尊自信和大家的信任，容易被大家接受和认可，得到支持和帮助）

四　知行合一

1. 要有担当意识，遇事不推诿、不退避、不说谎，敢于说真话道实情、承担责任、坚持原则。

2. 要树立远大理想，勇于担当孝养父母、和谐家庭、服务社会的职责使命。

第六十三天

开拓创新

━ 导 入

1.播放央视纪录片《辉煌中国》第二集，爸爸引导：本集选取了哪些创新故事呢？（提示：移动支付、共享单车、物联网、云计算、大数据、智能制造、芯片等）

2.研讨：这些故事讲述了什么呢？（提示：中国的科技创新正让百姓的生活更为便捷，让企业发展更具活力，让国家实力更加强大）

3.小结："创新"是我们最深沉的民族禀赋。如今，中华民族的创新焕发出勃勃生机，为中华民族的伟大复兴注入强劲动力。

━ 明 理

1.讲解

实现中华民族伟大复兴，是光荣而伟大的事业，但是前进道路上充满着艰辛和曲折。攻坚克难，唯创新者进，唯创新者强，唯创新者胜。

开拓创新就是开拓进取、勇于创新，就是在历史传承的基础上，让自己的思想和思维与时代同步前进。开拓创新既是一种品格，又是一种胆魄，还是一种才识，是三者的统一。

2. 思考

要做到开拓创新，需要哪些条件呢？（提示：要有创造意识和科学思维，要有坚定的信心和意志）

三 交 流

1. 反思

开拓创新的动力来自于哪里呢？（提示：来自于事业心和责任感，来自于对所从事工作的热爱和追求）

2. 引申

历史传承与开拓创新之间是怎样的关系呢？（提示：历史传承与开拓创新是相辅相成的。历史传承的目的是为更好地学习前人先进的理念与经验，少走弯路。在传承的过程中，要思考是否可以有更好的方式，这样才能有所创新）

3. 分享

怎样培养开拓创新的能力呢？（提示：首先要积累知识，增长才干；其次要培养想象力、提高思维能力；最后要多实践、多思考、多总结）

四 知行合一

1. 要志存高远、努力学习科学文化知识，增强社会责任感，提高自身的思想道德修养。

2. 在学习中敢于质疑，善于质疑，培养自己的问题意识，积极参加小制作、小发明等活动，培养科学求实的态度和创新思维的习惯。

第六十四天

志愿服务

一 导　入

1.播放歌曲《为了谁》的视频，妈妈引导："你是谁"中的"谁"指的是谁？（提示：军人）

2.研讨："为了谁"中的"谁"是指谁呢？（提示：祖国和人民）

3.小结：这首歌歌颂了在1998年特大洪水中奋不顾身的英雄们。在每次抗洪救灾的现场，会看到来自四面八方、各行各业的志愿者，他们挺身而出，在群众需要的地方留下最美的身影。

二 明　理

1.讲解

志愿服务作为一种自愿和无私的公益性、利他性行为，已经被越来越多的人当成一项高尚的事业和一种追寻幸福的生活方式，是社会文明进步的重要标志。

志愿服务行为之中的志愿精神，其核心要义为"奉献、友爱、互助、进步"，表现为先人后己、助人为乐的礼让精神，再到乐善好施、扶危济困的慈善精神，最后升华至为国赴难、为民分忧的担当精神，是社会主义核心价值观的重要体现。

2.思考

做好志愿服务，主要处理好哪些关系呢？（提示：一是处理好利他与利己的关系，坚持助人为先的原则；二是处理好尊重与共担的关系，坚持平等待人与协同合作原则）

三　交　流

1.反思

怎样从我做起服务他人呢？（提示：在家中尽孝，在自己的各种角色中尽责，做好自己的本分，从服务他人的点滴做起，有一分热发一分光，坚持与祖国同行、为人民奉献，用实际行动为实现中国梦作出贡献）

2.引申

作为一个学生，怎样增长志愿服务的本领呢？（提示：树立远大理想，向上向善，努力提升品德，认真学习文化知识，积极参加社会实践活动）

3.分享

志愿服务是人心向善的情感表达，在互助行为中要保持怎样的心呢？（提示：同情心、责任心、谦恭心）

四　知行合一

1.向典范人物学习，立足新时代、展现新作为，从身边小事做起，以实际行动书写新时代的雷锋故事。

2.积极参加志愿服务，主动承担社会责任，热诚关爱他人，多做扶贫济困、扶弱助残的实事好事，以青春梦想和实际行动为实现中国梦作出贡献。

第六十五天

诚实守信

一 导 入

1.播放"第四届全国道德模范刘洪安"的视频,爸爸引导:一个从农村走出来的质朴小伙儿,为什么能够赢得全国亿万群众的支持呢?(提示:他用善良温暖了人心,用诚信感动了中国)

2.研讨:刘洪安曾说:"自己不吃的东西,怎能卖给别人。"他像倒掉残油一样倒掉"不诚信",他的人生感触是什么?(提示:讲诚信永远不吃亏)

3.小结:诚信待人,别人也会以诚相待。刘洪安的油条店之所以被大家认可,就是因为诚实守信。

二 明 理

1.讲解

《左传》中说:"信,德之固也。"信是德行能不能稳固的关键,一个人诚信不欺,才可能提升德行。

《说文解字》中描述"信"字:"信,诚也。从人,从言。会意。"意思是,人言为信,因言为心声,一个人说话要落实才能见得人,所以"信"的本义是"诚",就是笃实不自欺,也不欺人。"诚信"是一个人应具备的基本而重要的人格品质。

古人讲"仁义礼智信"是"五常"，人不守"五常"就不是正常人。人要守信，守信可以践行朋友之间的承诺，能够化解人与人之间的猜疑，甚至能够获得语言不通、文化差异很大的民族的信任。

《论语》中说："人无信不立。"一个人没有"信"这个德行，就没有办法在人群中立足。社会是一个团体生活，如果大家都不信任你，你就很难发展。

2. 思考

诚实守信是中华民族的传统美德，诚信有什么价值呢？（提示：诚信是利益之源、是发展之基、是和谐之本）

三 交 流

1. 反思

《论语》中说："人而无信，不知其可也。"意思是，一个人连信用都不讲，真不知道他还能做什么事。如果自己有过失，没有做到守信，要怎么做呢？（提示：要赶紧道歉，这样对方就容易接受。如果再找借口掩过饰非，往往越解释对方心里越不舒服）

2. 引申

如果小孩对大人没有信任，那是什么原因呢？（提示：是大人没有做出榜样，做事没有原则）

3. 分享

古人常说"一诺千金""一言九鼎"，显示出"信义"的重要。《弟子规》中说："凡出言，信为先。"守信对人生的发展有什么助力呢？（提示：言语行为守信，就会奠定人生发展的基础。如果言而无信，即使

能够欺骗别人一两次，也不可能长久地骗下去，很可能在某一个点上就把一个好机会断送了，所以古人说信用和一个人的生命同等重要）

四 知行合一

1. 要把信义放在心中，为人做事要有道义、讲情义。答应他人的事情，一定要遵守承诺。

2. 说话要三思而行，不要信口开河。言语要文雅，不要花言巧语，不要恶语伤人，不要搬弄是非，不可以撒谎。

第六十六天

礼敬于人

一　导　人

1. 妈妈在网络上搜索一些关于礼仪的知识，孩子学习了解一下。

2. 研讨：这些礼仪表达了什么呢？（提示：对他人的尊重）

3. 小结：礼的本质是敬，显示出对他人的尊敬，所以要处处礼敬于人。

二　明　理

1. 讲解

礼是德行的规范，教导人尊重父母、长辈、领导者、年长者，教育下一代遵守应有的本分、规矩。《礼记》中说："夫礼者，自卑而尊人。"礼最重要的本质就是恭敬。所以，荀子说："百事之成也，必在敬之，其败也，必在慢之。"《论语》中说："礼之用，和为贵。"礼落实在处事和待人接物中，就能达到和谐共处。

《乐记》中说："礼者，天地之序也。"礼是效法天地井然有序的规律。古人说："上则优赐有加，下则鞠躬尽瘁，礼行于君臣矣；定省温清，出告反面，礼行于父子矣；外内位正，和而有别，礼行于夫妇矣；长幼有序，伯友仲恭，礼行于兄弟矣；乐群敬业，毋相聚以邪谈，礼行于朋友矣。"

2.思考

《晏子春秋》中说"凡人之所以贵于禽兽者，以有礼也。"人之所以比禽兽高贵，是因为有礼教的存在。礼貌反映着一个人自身的素质，展示着自我的风采。讲文明、有礼貌包含着哪些良好品质呢？（提示：对他人尊重、宽容、谦让、与人为善）

三 交 流

1.反思

司马迁在《史记》中说"夫礼禁未然之前"。为什么说礼能够防患于未然呢？（提示：一个人从小懂礼貌，遵守礼仪，就不会放纵自己的习气和欲望，就会健康成长）

2.引申

礼是人与人之间最优美的距离，能够以礼待人，大家就会感觉很舒服，才能和睦相处。能够举生活中的事例说明一下吗？（提示：例如，同事一起吃饭，一个人吃饱了，一声不响就走了，旁边的人会想我刚刚得罪他了吗？如果这人临走时说："大家慢用，我先离开了"，就会避免误解，使人与人之间的关系融洽）

3.分享

《礼记》中说："人有礼则安，无礼则危。"中国素有"礼仪之邦"之称，民间也流传一句老话，"礼多人不怪"，为什么有礼貌的孩子容易获得事业成功呢？（提示：一个人有礼貌，长辈、领导、同事都会喜欢，自然给自己赢得更多的机会，所以要从小养成文明礼貌的好习惯）

四 知行合一

1. 对人要有恭敬心，要尊重父母、长辈、领导者、年长者。与人相处要守礼节、有礼貌，遵守团体的规范。

2. 从小培养孩子讲文明、懂礼貌的习惯，比如：学会亲切、和气、谦逊地说话，确切地运用礼貌语言，正确有礼貌地称呼人，热情地招呼客人，有礼貌地处理生活中的事情，等等。

第六十七天

谦虚礼让

一 导 入

1. 爸爸讲"柳公权学书法"的故事：有一次，柳公权和几个小伙伴参加写楷书比赛。他以最快的速度写好了一篇，脸上露出骄傲自满神色。一位卖豆腐的老人见到后对他说："华原城里，有个人用脚写字，写得比你好百倍。"柳公权听了很不服气，第二天一大早就来到华原城。他亲眼看到那位无臂老人用脚写出的字确实比自己要好上很多倍，于是，真诚地拜那位老人为师，老人教导他说："写尽八缸水，砚染涝池黑，博取百家长，始得龙凤飞。"柳公权在心里牢牢记住老人的话，勤奋地练习写字，最终成为著名的书法家。爸爸引导：这个故事表现出柳公权怎样的品质呢？（提示：谦虚）

2. 爸爸再讲一个"孔融让梨"的故事：孔融是东汉末年的文学家。他4岁的时候，常常和哥哥一起吃梨。每次，孔融总是拿一个最小的梨子。有一次，孔融的父亲看见了，问道："你为什么总是拿小的而不拿大的呢？"孔融说："我是弟弟，年龄最小，应该吃小的，大的还是让给哥哥吃吧！"爸爸引导：孔融小小年纪就懂得怎样的道理呢？（提示：兄弟之间要互相礼让）

3. 小结：谦虚和礼让是中华民族的传统美德，能够带给人生很大

的助力。

明理

1. 讲解

老子说："吾有三宝：一曰慈，二曰俭，三曰不敢为天下先。"不敢为天下先就是谦。谦虚就是虚心，不自高自大，不夸大自己的能力或价值。

《尚书》中说："满招损，谦受益。"谦虚并时时感到自己的不足，就能因此受益。万事退一步就是谦，让一步就是谦，不傲慢就是谦。

《礼记》中说"傲不可长"，也是告诫人们要培养谦虚的态度。孔子说自己一生"述而不作"，他说自己所讲述的这些道理，都是古圣先贤，尧、舜、禹、汤、文、武、周公传下来的。这表明孔子非常谦虚，也唯有谦虚才与道德相应。

谦虚礼让是恭敬心的体现。一个人即使有才华，也要知道这是长者给予的教导、照顾、提携而形成的，所以越来越有才华就应感恩所有长辈的付出。谦虚的人自然表现出谦让的行为，能够处处替他人留有余地，不会让对方感觉"矮一截"、不舒服。

我们与人相处，不但要学谦让、礼让，还要学忍让。曾国藩说："一个忍字，消了无穷祸患。"忍让，重要的是有一颗宽恕的心。能够忍让就能够化解冲突，化干戈怒气于无形。当人在发脾气的时候，往往会情绪化，等他静下来了就会觉得自己也有不对的地方。所以这一忍，忍出了自己的德行，也忍出了对方的惭愧，不但扩宽了自己的心量，而且维护了彼此的关系。

2.思考

《弟子规》中说："言语忍，忿自泯。"彼此在言语上忍耐些，怨恨自然就消失了。如果用恶毒的言语伤人，就会使人心中的愤恨难以消除。人与人之间冲突最多的就在言语。言语起了冲突，脾气就上来了，就会破坏人际和谐。那么，怎样才能把握好言语的分寸呢？（提示：一方面要容忍对方说出的令自己生气的言语；另一方面也要克制自己的愤怒，不把伤人、伤感情的话说出口。更主要是提升自己的道德修养，用仁爱的心胸化解愤怒，使"怒"转化为"恕"，言语自然就柔和了）

三 交 流

1.反思

《易经》里"谦卦"的卦象是下边为山，上边为地，用高山居于平地之下，象征什么呢？（提示：谦虚、退让的德行）

2.引申

孔子当初进入太庙，遇事都会请教太庙的负责人。我们到一个新的环境，怎样学习孔子的做法以避免过失呢？（提示：要先了解并遵守这个环境的规章制度等，不能顺着自己的意思去做，不然就会有失礼的地方）

3.分享

《了凡四训》中说"唯谦受福"。为什么说只有懂得谦虚的人，才能遇到好运、得到幸福呢？（提示：谦虚的人处处给人留余地，为人着想，这样更容易赢得长者的提携、指导和帮助，使自己的人生有更好的发展）

四 知行合一

1. 为人要谦虚，多想自己的不足和别人的长处，与人交往时要处处为人留余地，待人接物表现出礼让的文明行为。

2. 要克服个人中心意识，能够尊老爱幼有爱心，懂得与人合作分享不自私。要主动培养懂礼貌会谦让的性格，比如：多读书，见多识广自然而然就能学会谦虚；了解自己的局限性，认识到不管自己多么有才华，总有一些事情是办不到的；要善于发现别人的优点，真诚地赞扬优秀的人；虚心接受别人的批评，等等。

第六十八天

仗义疏财

一 导 入

1.播放电视剧《乔家大院》的片段，妈妈引导：这部电视剧的主人公是谁？（提示：乔致庸）

2.研讨：据《祁县志》记载：清光绪三年，天遭大旱，赤地千里，寸草不生。乔致庸带着家丁搭粥棚，熬粥救济灾民。为了节约粮食，他们一家人也与灾民同锅喝粥。当时的民谣说："光绪三年，人死一半。"乔致庸救活了很多人，怎样评价他的善行义举呢？（提示：乔致庸的善行义举体现了他的仁爱心，成为社会和后世子孙的榜样）

3.小结：乔致庸是乔家最长寿的人，他经商有方，并主张经商首重信义。在他的精心经营下，乔氏的商业得到很大发展。特别是他能够拿出钱财帮助别人，这种仗义疏财的德行让他成为修身治家的楷模。

二 明 理

1.讲解

《中庸》中说："义者，宜也。"宜就是应该做的本分，是一种自然生起的心境。《说文解字》中说："义，己之威仪也。"一个人做有道义的事，诚于中形于外，自然就有浩然之气。

《孟子》中说："生，我所欲也，义，亦我所欲也，二者不可得兼，舍生而取义者也。"意思是，生是我想要的，义也是我所追求的，假如生命跟道义不能同时获得，为了道义宁可牺牲自己的生命。古圣先贤告诉我们，获得任何东西，都要符合道义才行。符合义的标准而取，人家不会讨厌，假如为了自私自利而取，一定招来埋怨和不满。《孟子》中又说："义，人之正路也。"所以说道义是人生正确的道路。

2. 思考

《论语》中说："见利思义，见得思义，不义而富且贵，于我如浮云。"意思是，看见有所得就想到是否合乎道义，看到财物要想到是否合乎道义，干违背道义的事而得来的富贵，对我来说就好像飘浮在天空的云彩。这段话告诉我们，当利益和道义发生冲突时，该怎么办呢？

（提示：不能为了利而放弃义，放弃道德）

三 交 流

1. 反思

《增广贤文》中说"君子爱财，取之有道"。就是说，君子也喜爱钱财，但都是从正当途径得来的。如果借了钱赖着不还，最终会怎样呢？（提示：不但赖不掉，更会透支掉自己的信用）

2. 引申

在《论语》中，子路问老师一个问题："君子尚勇乎？"意思是，君子崇尚勇敢吗？孔子赶紧借这个机会引导子路："君子义以为上。"君子不是只有勇敢而已，更重要的是道义。孔子这样的回答，强调了勇敢和道义有什么关系呢？（提示：要以道义为基础，才能把勇敢用到

正确的地方。如果勇敢却不懂道义，就可能去偷盗，可能会作乱，危害社会）

3. 分享

朱熹在《四书章句集注》中说："小勇，血气所为；大勇，义理所发。"就是说，小勇只是血气的一时冲动，大勇则需要道义来激发。朱熹在这里表彰那些大智大勇的人，不主张一时血气冲动的匹夫之勇。孔子说："仁者必有勇，勇者不必有仁。"由此，什么是真正的勇敢呢？（提示：勇敢是以一颗仁爱的心，做有道义的事）

四　知行合一

1. 向古圣先贤、仁人志士学习，做有道义的事，坚持存好心、说好话、做好事。获得任何东西的时候，要看是否符合道义的标准，符合才能取。

2. 人际交往中首先要守信用，其次要心存仁爱，当朋友和陌生人遇到困难的时候能够挺身而出，尽心尽力给予帮助。

第六十九天

见义勇为

一 导 入

1.播放歌曲《你是顶天立地的好人》的视频，爸爸引导：歌词开头就说："高声一吼，吼出做人的良心。"这句话怎样理解？（提示：见义勇为是每个人都应该做的）

2.研讨：褒奖见义勇为的行为有什么意义呢？（提示：有助于弘扬社会正气，促进社会主义现代化精神文明建设）

3.小结：看到正义的事就要勇敢地去做。正义的力量放光辉，社会就会更加和谐美好。

二 明 理

1.讲解

见义勇为是指为保护国家、集体利益或者他人的人身、财产安全，与正在发生的违法犯罪做斗争或者抢险救灾的行为。

见义勇为是彰显中国价值的美德善行，是具有文明共识的人类义举。它是一种敢于担当道义责任、一往无前、无所畏惧的道德品质，亦是一种正义感、责任感和使命感的体现。正义的力量放光辉，让社会充满正能量，生活才会更加美好。

见义勇为首先要有勇敢精神，但也要建立在拥有解决问题的能力之上，所以平时要着重训练和提升自己各方面的能力，做到有备无患。

2. 思考

《论语》中说："见义不为，无勇也。""义"怎么理解呢？（提示：符合道德的，合乎正义或公益的）

三 交 流

1. 反思

褒奖见义勇为的行为有什么意义呢？（提示：有助于弘扬社会正气，促进社会主义现代化精神文明建设）

2. 引申

如果有人落水，自己又不会游泳或者只是粗通，这种情况怎么办呢？（提示：看周围有没有长棍、可漂浮物等东西可以施救，同时请求援助、呼喊救命、报警等）

3. 分享

怎样把见义勇为的事做得更好呢？（提示：要理智地见义勇为，选择合理的方法，用尽可能小的代价给他人带来尽可能多的利益）

四 知行合一

1. 要培养自己爱国爱民的情感和正义感，敢于仗义执言，勇敢地去做符合道义的事。

2. 见义勇为的同时，也要"见义智为"，见义勇为者要知道什么是正当防卫，把握好度，避免不必要的麻烦。见义勇为的时候，首先

要保证自己的安全，尽量通过巧妙的一些方式迂回的解决。遇紧急情况要大声呼喊，如"抓贼啊"，引起路人的注意。在实施见义勇为行为时，可以用手机拍照，或者请路人帮忙拍照，留存相关证据等。

第七十天

助人为乐

一 导 入

1. 播放歌曲《助人为乐》的视频，妈妈引导：帮助他人时自己会收获什么呢？（提示：自己会有成就感，朋友也会更多）

2. 研讨：一个人能够助人为乐，那么他自己的生活会怎样呢？（提示：更快乐）

3. 小结：助人为乐是美好的行为，会开创美好的生活。正如歌词中所说：今天我帮你，明天你帮我，助人为乐，让大爱把世界唱成主题歌。

二 明 理

1. 讲解

助人为乐就是要乐于帮助别人。当他人遇到天灾人祸或自身难以解决的难处时，要鼎力相助。助人为乐、乐善好施是中华民族的传统美德。古人常常施衣、施粥、施茶、施医施药，帮助别人，也使自己获得了成就和快乐。助人为乐是快乐的根本，是人格升华的标志。实现中国梦更需要助人为乐的精神。

2. 思考

《左传》中说"辅车相依，唇亡齿寒"。意思是，车子两旁夹车

的木头没了，车子就不牢固；嘴唇没了，牙齿就会感到寒冷。这句话体现了怎样的哲学道理？（提示：事物之间是普遍关联的，帮助别人就是帮助自己）

三 交 流

1. 反思

《礼记》中说："君子贵人贱己，先人而后己。"意思是，君子尊重别人而把自己看得很轻，凡事先考虑别人，最后考虑自己。怎样做到助人为乐呢？（提示：助人为乐要有一种忘我的奉献精神，并把它贯穿在生活中，作为自己为人处世的原则）

2. 引申

古代，在酷暑的夏天，在街道的路口和郊野的凉亭，常有人备茶水供过往行人饮用。遇到灾荒时节，富贵人家就施粥救助灾民。还有很多医生，免收医药费帮助无力治病的患者。他们为什么这样做呢？（提示：这是尽心尽力的行善。帮助他人的同时，也为自己播下希望的种子。正如《易经》中所说"积善之家，必有余庆"）

3. 分享

乐于助人的好处有哪些呢？（提示：一是培养善心，透过这些助人的举动，可以培养一颗善良的心，学会懂得体谅别人、照顾别人；二是提升能力，在助人的过程中学会独立处理事情，并知道运用逻辑思考，让事情更顺利快速地进行；三是传递爱心，如果每个人都可以尽自己的一点绵薄之力帮助别人，那这个世界就会充满爱，人间处处有温情，让社会风气更善良）

四 知行合一

1. 要从身边的日常小事做起，"勿因善小而不为"，当别人有需要的时候尽心尽力地帮助，并从中体会助人的快乐。

2. 要相信自己有能力帮助别人，学会观察和注意别人的需要，在立足安全的前提下能够及时做出助人的决定。平时要主动培养助人的品德，比如，到图书馆帮忙、做志愿服务，等等。

第七十一天

戒贪养廉

一 导　入

1.父子交流：出示三个成语"两袖清风""不饮盗泉""源清流清"，爸爸引导：这三个成语表达了一个共同的意思，是什么呢？（提示：廉洁）

2.研讨：廉洁就是不接受他人馈赠的钱财礼物，不让自己清白的人品受到玷污。那么，怎样才能保持廉洁呢？（提示：戒除贪心）

3.小结：做人要有清清白白的行为和光明磊落的态度。只有从自己的心地上下功夫，戒除贪心才能保持廉洁。

二 明　理

1.讲解

清代学者段玉裁《说文解字注》中说："堂之侧边曰廉。"堂屋的边上称为廉。古代堂屋边墙上选的石头都平正、洁净而又棱角分明，所以做人有原则、方正不可曲、面对诱惑不起贪恋、不为所动称之廉。廉是德行的节操，廉引申为廉直、廉明、廉能。廉洁的人没有贪念，不会被物欲所诱惑；廉洁的人心地光明，不做亏心事；廉洁的人无私，肯为公尽忠。古圣先贤面对事情都要考虑是否符合道德标准，还要考虑长远的影响。

2.思考

《孟子》中说："可以取，可以无取，取伤廉。"意思是，可以拿取，也可以不拿取的，拿取了就有损廉洁。孟子这句话有什么教育意义呢？

（提示：每个人都应按照道德要求自己，做事要有原则，不能把不属于自己的东西贪婪地占为己有，铸成大错）

三　交　流

1.反思

古人的家庭教育中，父母总是教诲孩子一瓜一果都不能贪。这种教育对孩子有什么深远的影响呢？（提示：这是培养孩子不贪的心，培养廉洁的心，不谋私利将来才能把事办好）

2.引申

为什么公物不能拿来自己私用呢？（提示：公物是政府拿钱买的，这是纳税人的钱。所以，公物都有主人，不能因为自己喜欢就把它拿走）

3.分享

《宋史》中说"惟俭可以助廉"。只有节俭可以使人廉洁。这句话启示做父母的，怎样帮助孩子长大后做到廉洁呢？（提示：从小培养孩子节俭的品德，铸成廉洁之风）

四　知行合一

1.要心地光明，公私分明，在生活小事上也要体现清清白白的行为和光明磊落的态度。

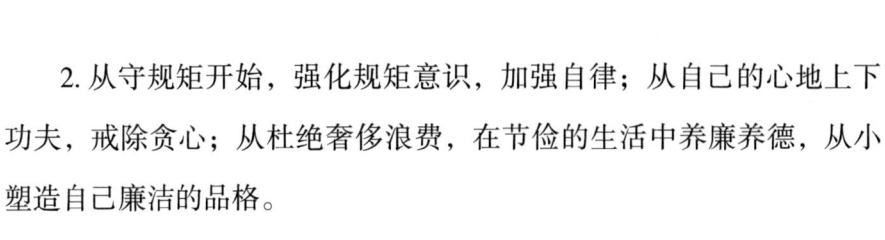
2. 从守规矩开始，强化规矩意识，加强自律；从自己的心地上下功夫，戒除贪心；从杜绝奢侈浪费，在节俭的生活中养廉养德，从小塑造自己廉洁的品格。

第七十二天

节制欲望

一 导　入

1.母子交流：杭州西湖的岳王庙，是南宋抗金将领岳飞的墓地。墓道阶下，有秦桧、王氏、张俊、万俟卨四人的铁铸人像，他们为什么面墓而跪呢？（提示：他们以"莫须有"罪名诬陷岳飞反叛朝廷，把岳飞陷害致死）

2.研讨：他们为什么陷害岳飞呢？（提示：他们因为一时的贪财、贪名、贪权造成的）

3.小结：秦桧等四人因为放纵自己的欲望，结果自毁前程。

二 明　理

1.讲解

《周易》中说："君子以惩忿窒欲。"就是说要克制愤怒，抑制嗜好和欲望。人欲望很多，诸如对财富、美色、名声、美食、睡眠等过度贪求，这些欲望如果不节制，就会把自己置于危险的境地，阻碍人生的前程。

2.思考

《周易》中说："君子道长，小人道消。"意思是君子之风得以光大，

小人之气得以削减。表示正面、积极的力量在增长，反面、消极的力量在减弱。这句话启示我们怎样克服嗜欲呢？（提示：人生要确立有价值的目标，要以智慧的眼光看破自己的嗜好和欲望。德行不断提升，嗜欲就渐渐消退了）

三 交 流

1. 反思

《史记》中说"利令智昏"。就是说，一个人如果唯利是图，利欲熏心，往往会丧失理性，做出愚蠢的事来。这四个字是司马迁对平原君和赵成王不能趋利而避害的一声感叹，其现实意义是什么呢？（提示：这是史学家对事物精准的洞察和对人善良的告诫，倡导着一种"淡泊明志""无欲则刚"的处世态度）

2. 引申

《大学》中说"故君子必慎其独也"。东汉郑玄注《中庸》"慎独"云："慎其家居之所为。""慎"就是小心谨慎、随时戒备；"独"就是独处，独自行事。意思是，要严格控制自己的欲望，不靠别人监督，自觉控制自己的欲望。"慎独"是一种修养境界和处世做人的态度。怎么达到这种境界呢？（提示：树立远大理想，不断提高自己的道德修养）

3. 分享

孔子说："少之时，血气未定，戒之在色。"年轻的时候如果染上这些色情的东西，就会"蔽聪明，坏心志"，对身心有很大的损伤。怎样避免呢？（提示：遵循《弟子规》的教诲，"非圣书，屏勿视"，从小接触的网络电视、书籍和现实生活中的人、物都要谨慎选择）

四　知行合一

1.要学习中华优秀传统文化，从经典中了解贪图嗜好和欲望对身心的伤害，集中精力做人生最有意义有价值的事，明辨是非，建立理智的人生观。

2.要保持内心的清净，淡泊明志，不可过分贪求财富、美色、名声、美食等种种享受，戒除沉迷网络游戏、浏览不良网站、吸烟、酗酒、赌博、打架，乱丢垃圾、随地吐痰等不良嗜好。

第七十三天

仁者爱人

一 导 入

1.播放《感动中国》中胡佩兰的视频，爸爸引导：这位老人为什么能够感动中国呢？（提示：她70岁时从原郑州铁路中心医院妇产科主任岗位上退休后，又在郑州市建中街社区卫生服务中心坚守了28年）

2.研讨：《感动中国》对胡佩兰老人的颁奖词是"技不在高，而在德；术不在巧，而在仁。医者，看的是病，救的是心，开的是药，给的是情。扈江离与辟芷兮，纫秋兰以为佩。你是仁医，是济世良药"。怎样理解这段话呢？（提示：医生最重要的是医德，医生对病人的爱心是患者和大众最需要的。这里也启示人们，无论从事任何职业，都要心存仁爱）

3.小结：胡佩兰老人最开心的是看着一个个患者痛苦而来，经治疗后快乐而去。有时候她不仅不收钱，还给人家钱。老人说："医生是感情投入的职业，是有医德的职业。"胡佩兰老人心中存着仁爱，才会这样爱人。

二 明 理

1.讲解

"仁"是个会意字，左边是个立人旁，右边是个"二"字，"二"

就是两个人相互仁爱，仁者爱人，仁者爱物。自爱才会爱人，爱人才是自爱。中国自古的教育就是以这个为宗旨和目标。"孔曰成仁，孟曰取义"，孔子强调"仁"，孟子特别标榜这个"义"，义就是仁的落实。古圣先贤常讲"仁义忠恕"，忠是心正、心善、没有自私；恕是原谅别人的过失。这些品德对我们的生活、工作、待人接物有很强的指导意义。仁者爱人，"仁者"意在鼓励人们主动提升修养，"爱人"意在鼓励人们主动帮助他人，构建和谐社会。

2. 思考

《孟子》中说："爱人者，人恒爱之；敬人者，人恒敬之。"意思是，爱人、尊敬别人，对方就会爱他、尊敬他。这句话也启示我们怎样才能获得别人爱敬呢？（提示：要想受人敬爱，首先要敬爱他人。你怎样对待别人，别人往往会用同样的态度对待你）

三 交 流

1. 反思

《论语》中说"己所不欲，勿施于人"，就是说，自己不愿意的，就不要强加给别人。这句话表达了一种对他人平等和尊重的态度，也是一种"求仁之方"。这也启示我们在人际交往中应该遵循怎样的思维方式呢？（提示：换位思考、将心比心）

2. 引申

《孟子》中说"亲亲而仁民，仁民而爱物"，意思是，当一个人能够亲爱父母时，才可能推己及人地去仁爱大众；只有当他能够仁爱大众时，才有可能爱惜万物。这句话启示我们培养仁爱心从哪里做起呢？（提示：从父母亲人做起。从父母亲人推向仁爱大众，再推向爱

惜万物，这就形成了"爱的系列"。否则，仁爱就会成为无源之水，无本之木，不可能维系下去）

3.分享

《感动中国》对吴孟超的描述是："六十年前，他搭建了第一张手术台，到今天也没有离开。手中一把刀，游刃肝胆，依然精准；心中一团火，守着誓言，从未熄灭。他是不知疲倦的老马，要把病人一个一个驮过河。"各行各业的人们，要怎样做好自己的工作并得到大家的爱戴呢？（提示：在自己的本职工作中体现仁爱精神）

四 知行合一

1.要自爱、爱人，时刻保持仁爱的心，并把仁爱落实在待人处世接物上，努力做到"己所不欲，勿施于人"，学会关心帮助身边的每一个人。

2.从关爱自己的亲人朋友做起，从爱护身边的花草树木、小动物做起，从身边小事情做起，培养自己的仁爱之心。比如：同学生病了送上安慰的话语，积极参加有益的爱心公益活动，等等。

第七十四天

发明创造

一 导 入

1.母子交流：回想一下，你曾经有哪些小发明、小制作呢？说出来听听。

2.研讨：人们为什么要进行种种发明呢？

3.小结：人类的种种发明，不断改善着日常生活，促进着社会进步。

二 明 理

1.讲解

中国是四大文明古国之一，有着丰富的文化遗产，这些遗产记载着我们祖先在思想、科学、文艺等方面的高度成就，是智慧和血汗的结晶。为了这些成就与智慧能够传承给后代子孙，我们的祖先发明了一个传承的载体——文言文。语言会随着时间的变化而变化，如果写文章用口语，随着时代的发展和语言的变化，后人就很难看懂前人的意思，所以古人把语言和文字分开，大力发展文言文。无论语言如何变化，文不变，因此几千年保持了文字经典的准确性和普及性。也就是说，如果你懂得文言文的阅读规则，就可以阅读几千年前的经典著作。

中华文化博大精深，最重要的载体就是文言文。文言文作为中华

民族的瑰宝和财富，是中华民族历代先贤智慧的集大成者。古圣先贤留下的这些典籍，是中华民族巨大的精神财富。当我们懂得文言文，就可以超越时空去学习古圣先贤的智慧。

古人讲"文以载道"。"道"就是道德、道义，就是用"文"承载着这些"道"以造福后世子孙。《论语》中说"《诗》三百，一言以蔽之，曰思无邪"，这也是创作的原则。自古的文学创作和艺术表现内容都是提倡忠孝仁义等美德，引导人们向上向善，营造着社会好风气。

2. 思考

文言文字词精练，说理中带着情感，情感中蕴藏智慧，从小接受文言文熏陶的孩子，语言表达能力更强，谈吐和气质更出众。那么，怎样学好文言文呢？（提示：学好文言文，背诵是基本功。只要能背诵几十篇文言文，就能读懂文言文。特别是在幼儿园、小学这个机械记忆的黄金阶段，多读多背，就能为学好文言文打下坚实的基础）

三 交 流

1. 反思

宋代的苏轼和章惇本来是好朋友，后来因为政见不合而分道扬镳，后来章惇遇难，他儿子写信给苏轼旨在为父亲求情，苏轼回信中说："某与丞相定交四十年，虽中间出处稍异，交情固无增损也。"这种不计前嫌表现出现代人交往中仍然缺少的气度。当你和交好的朋友发生了矛盾，两人都不肯低头，你也不知道怎么办，如果此时你知道这个故事，心里便有了答案。那么，文言文的现代价值是什么呢？（提示：文言文记载着我们祖先在思想方面的高度成就，其中的智慧可以解决现代

的很多问题。其实我们遇到的所有问题，古人几乎都遇到过，并且他们给了我们更好的方案）

2.引申

学习文言文对语文水平的提升有哪些帮助呢？（提示：学习文言文能够促进现代汉语学习，提高文学修养；能够提高自己的阅读能力、表达能力和鉴赏能力；能够提高语言运用能力，借鉴古代名家写作技巧，加入个人的思维，提高写作能力）

3.分享

文言文、古诗词作为中华民族的瑰宝和财富，是中华民族历代先贤智慧的集大成者，我们从这些文章诗词中可以学到哪些智慧呢？（提示：可以学到修身之道、待人之道、处世之道、治世之道，也可以学到实现人生理想的方法）

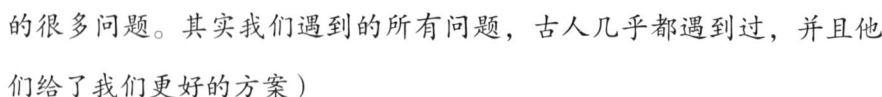

四　知行合一

1.从小学习文言文，了解中国历史和五千年来的灿烂文化，了解文章的结构，学习精练的语言和优美的词汇，感受文言文所带给我们的静谧悠远的韵味，提高语文能力和人文素养。

2.从文言文中学习中华民族的智慧和思想，继承优秀的传统文化，真切触摸中国气质，增强民族自豪感，培养爱国主义精神，树立振兴中华的雄心壮志，增强了解社会、认识事物和解决现实问题的能力。

第七十五天

师恩如海

一 导 入

1. 播放歌曲《长大后我就成了你》的视频，爸爸引导：这首歌赞扬了谁呢？（提示：老师）

2. 研讨：老师为什么能得到社会大众的赞叹呢？（提示：老师在平淡的生活中，奉献自己成就了一批又一批的学生，如蜡烛一样燃烧自己照亮别人，所以值得赞叹）

3. 小结：自古以来，无数老师默默传承着中华优秀传统文化，让中华文化生生不息，造福后世子孙。每个人和整个社会都应该感念老师之恩，师恩如海。

二 明 理

1. 讲解

《礼记》中说："玉不琢，不成器；人不学，不知道。"诸葛亮在《诫子书》中说："非学无以广才。"这些都强调了学习的重要性。每个人都需要古圣先贤的教诲，都需要老师的教导。老师培养人才，传承文化，为社会发展和进步默默作贡献。

尊敬师长是中华民族的传统美德。我们的生命得自于父母，智慧、

知识得自于老师。老师的恩德与父母平等，孝亲尊师是为人的根本。古圣先贤都是终身仰慕父母，终身怀念老师。不孝父母、不敬师长，一切都难以成就。如果没有老师指导，智慧不开，知识不长，怎么会幸福快乐呢？

2.思考

周朝历史上出了三位伟大的母亲，即太姜、太任、太姒，她们分别是太王、季历、文王的妻子，史称"周朝三太"。婆媳三代个个诚庄恭敬，行为处处合于道德规范，出色的是她们都培养出优秀的孩子，使周朝兴旺，所以说"三太兴周"。中国人称妻子为太太，这个称呼中含有怎样的期望呢？（提示：期望自己的妻子能够以这三位伟大的母亲为榜样，做好孩子的第一任老师，培养出德才兼备的孩子）

三　交　流

1.反思

在人生成长过程中，老师是传道、授业、解惑的人。那么，成为一名好老师，要具备怎样的素养呢？（提示：老师要明了人生的道理、具有高尚的道德和专业的知识，才能够给学生传授道理、教授学业、解决疑难问题）

2.引申

古人入私塾读书时要先行拜师礼。行礼时父亲带着孩子向老师行跪拜礼。古代家道谨严，孩子看到家长怀着恭敬的心向老师行这样的大礼，心中就会留下"尊师重道"的印记。这种仪式会产生什么效果呢？（提示：使孩子对老师生起恭敬心；使老师感受到家长的重托和责任，

尽心尽力教导这个孩子）

3.分享

我们希望后代胜过我们，教育孩子就是家庭中的大事。古代的夫妻有明确的分工，父亲负责经济生活，母亲在家教育孩子，夫妻相互配合使家道传承不衰。如今，大多夫妻双方都出来工作，儿女交给别人照顾，这种情况下怎样对孩子进行教育呢？（提示：父母都要学习教育的方法，立身行道给孩子做出好榜样，每天尽量多抽出时间陪伴教导孩子）

四　知行合一

1.感念老师对自己的辛勤教导之恩，认真落实老师的教诲。

2.要把对老师的尊敬之心体现在具体行动中，比如：上课认真听讲，好好学习；每次的考试中以最好的成绩报答；毕业后经常回学校看望老师，谨记老师的教导；等等。

第七十六天

反求诸己

一 导 入

1.母子交流：在学校课间，一个同学出教室时，却撞到了桌子的棱角上，而且撞得很疼，这时候他可能有几种想法呢？（提示：一是自己被撞到是因为路太窄了；二是因为自己不小心）

2.研讨：找外在的原因和自己的原因，这两种思维方式造成怎样的影响呢？（提示：如果找外在的原因，下次可能还会被撞到；如果反省自己的原因，以后小心谨慎，可能就不会有类似的情况发生了）

3.小结：《弟子规》中说"宽转弯，勿触棱。"转弯时要小心，不要撞到物品的棱角，以免受伤。这是提醒我们保持谨慎的态度，如果被撞到了就要找自己的原因。

二 明 理

1.讲解

《孟子》中说："行有不得，反求诸己。"意思是，事情做不成功，遇到了挫折和困难，或者人际关系处得不好，就要自我反省，一切从自己身上找原因。所以要常常提醒自己不要与古圣先贤背道而驰，有了问题要反躬自省，不要怨天尤人。

《孟子》中又说："仁者如射。射者正己而后发；发而不中，不怨胜己者，反求诸己而已矣。"意思是，行仁义之举如同射箭，射箭的人在射箭之前先要摆好姿势，拈弓搭箭，对准目标，然后再把箭射出去，如果没有射中目标，应从自己身上找原因，而不是嫉妒别人比自己射得准。所以，我们做事成功与否关键在于自己。失败了首先要从自己身上找原因，而不是去归咎他人。

2. 思考

在《论语》中，鲁哀公问："弟子孰为好学？"孔子对曰："有颜回者好学，不迁怒，不贰过。"鲁哀公问孔子，你的众多弟子中，好学的是谁？孔子回答说，做学问的人，一定要先能克制自己，不把怒气转移到他人身上，潜心深造，才能叫做好学。我的弟子中，只有颜回是个好学的人。能做到不迁怒的人很少。迁怒是人们容易犯的错，解决不了任何问题。遇到不顺心的事，能不迁怒他人，不仅是一种高级的教养，更是一种高级的能力。怎样培养这种能力呢？（提示：时常反躬自省，久而久之就能做到不迁怒）

三 交 流

1. 反思

《中庸》里说"君子之道，造端乎夫妇"。夫妇关系会影响孩子的健康成长、家庭和睦与人生幸福。有一对夫妻常常吵架，看到别人和乐也很羡慕，只是不知道怎么做到不争吵。怎样帮助他们呢？（提示：自己首先从反求诸己、不迁怒的理念入手，在中华优秀传统文化中学习夫妻和谐相处之道，处理好夫妻关系，再向对方分享自己的经验）

2. 引申

有些年轻人开车时喜欢飙车，这样容易出危险，也是家长最担心的。做父母的怎样避免这种忧虑呢？（提示：首先自己开车不要这样，要给孩子做出榜样；其次要从小培养孩子恭敬、谨慎的态度，这样从根源下手就可以提早解决问题）

3. 分享

当我们与别人发生冲突时，应该怎么办呢？（提示：要先反省自己。如果自己有错，就要主动承认错误，化解冲突。如果自己没有错，就应包容别人，不要把别人的过失放心上。要学会原谅别人，不断拓宽心胸，以平等心对人）

四 知行合一

1. 做事时遇到了挫折和困难，首先要自我反省；与人相处时人际关系处得不好，也要首先从自己身上找原因。

2. 要从小培养自己谨慎、恭敬、不迁怒、善于反省的态度。比如：做事时不要急急忙忙、慌慌张张，要培养自己有条不紊的态度；走路转弯时要小心，不要撞到物品的棱角，如果被撞到了就要找自己的原因，等等。

第七十七天

自强不息

一 导 入

1.父子交流：爸爸出示三个人物的名字：司马迁、左丘明、詹天佑。孩子查找资料了解他们的故事。（提示：司马迁因李陵之祸遭受宫刑，但忍辱负重，自强不息，最终写成《史记》，流芳千古。左丘明著有史学巨作《左传》，后在双眼失明的情况下写出《国语》等历史巨著。詹天佑怀着为祖国富强而发愤学习的信念，刻苦学习，于 1867 年考入耶鲁大学土木工程系，专攻铁路工程。在大学的 4 年中，詹天佑刻苦学习，以突出成绩在毕业考试中名列第一。回国后，詹天佑满腔热忱地把所学本领贡献给祖国的铁路事业）

2.研讨：这三个人物之所以能够取得辉煌的成就，是因为他们都有一种什么精神？（提示：自强不息）

3.小结：纵观古今中外，凡是取得成就的人，他们都有一种共同的品质——自强不息。

二 明 理

1.讲解

《周易》中说："天行健，君子以自强不息。"意思是，自然的运动刚强劲健，相应于此，君子处世应像天一样，自我力求进步，刚毅坚卓，发愤图强，永不停息。我们在历史上看到，那些真正有贡献的人，都是凭着一颗真诚的心，利于大众，自强不息，得到当世和后世的敬仰。古今中外，凡是取得成就的人，他们都有一种共同的品质——自强不息。

《道德经》中说："胜人者有力，自胜者强。"就是说，能战胜别人的人有力，能战胜自己的人强大。我们要拥有面对困难的勇气和意志，首先要战胜自己的不良嗜好和坏习惯。能战胜自己的人必定能自强。

2. 思考

《中庸》里说："人一能之，己百之；人十能之，己千之。果能此道矣，虽愚必明，虽柔必强。"意思是，别人做一次就会了，即使我比较驽钝，就是做一百次也要做会；人家十次就会了，我即使要做一千次才会，也要有毅力去做。如果以这样的态度面对事情，虽然愚蠢必将聪明，虽然弱小必将强大。华罗庚的一首诗写道："苦战猛攻埋头干，熟能生出百巧来。勤能补拙是良训，一分辛劳一分才。"这些教诲讲明一个什么道理呢？（提示：这说明尽管每个人的资质不同，只要有了这种"己百己千"的精神，就能够功到自然成）

三 交 流

1. 反思

《孟子》中说："舜何人也，予何人也，有为者亦若是。"意思是，舜是谁？我又是谁？人若有所作为，那么这有为的人就像是舜一样的人了。这句话给我们什么启示呢？（提示：要经常自我砥砺、自我鼓舞，

只要我们愿意向古圣先贤学习，循序渐进，还是可以达到圣贤境界的）

2. 引申

人生期望取得成功，从小就要培养怎样的品质呢？（提示：谦虚、诚实、耐心、责任心等）

3. 分享

《弟子规》中说："勿畏难，勿轻略。"就是说，不要怕困难而犹豫退缩，也不要轻率随便地敷衍了事。这种人生态度启示我们怎样面对事情呢？（提示：无论事情是"难"还是"易"，都要以平常心来对待，不要因为"难"而放弃，从而否定自己的能力，也不要因为"易"而轻视，始终保持诚敬心来应对，一定会有所成就）

四 知行合一

1. 要效仿大自然的刚强劲健，发愤图强，激励自己不断进步，永不停息。

2. 要培养自立能力，做事要认真负责，有刻苦钻研和百折不挠的精神。既要立足自己当前的生活、学习中的问题，从小事做起，又要大胆的投身社会实践，在社会生活中反复锻炼。

第七十八天

厚德载物

1.播放歌曲"厚德载物"的视频，妈妈引导：这首歌曲告诉我们怎样做德才厚呢？（提示：报父母恩，报老师恩）

2.研讨：一个人的前程和品德有什么关系呢？（提示：一个人有品德就如同树有了根，根深才会叶茂，从而营造美好的前程）

3.小结："天行健地势坤，师法天地彰人伦，几千年礼仪之邦，厚德载物传到今"。中华民族效法天地之德，自强不息、厚德载物，成就礼仪之邦。中华民族的教育自古注重品德修养，也启示人们要以崇高的道德、博大精深的学识培育学子成才。

二 明 理

1.讲解

《周易》中说："地势坤，君子以厚德载物。"意思是，天地间的东西，没有比大地更厚道的了，也没有什么不是承载在大地上的。所以君子处世要效法"坤"的意义，增厚美德，容载万物，以厚德对待他人。

孔子在《论语》中说："德之不修，学之不讲，闻义不能徙，不善不能改，是吾忧也。"说的是，他每天积极地修养自己的德行，担忧的是一天空过；他一定把自己有所领会的道理讲出来，让更多的人受益；只要知道正义的事，他一定当仁不让；他时时想着自己还有哪些缺点要赶快改正。孔子的存心和成就启示我们每天都要学习、改过、行善，不断提升道德修养。

2. 思考

《国语》中说："唯厚德者能受多福，无福而服者众，必自伤也。"为什么厚德就能多福呢？（提示：有德行，内心喜悦而安宁，又会获得大众的尊重，就能够更好地发挥才华，利于他人。这些都是自然而然的）

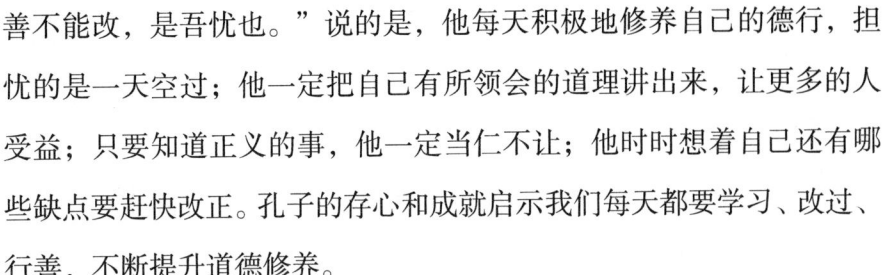

三 交 流

1. 反思

当一个人没有真正的德行，却有才华，结果往往会怎样呢？（提示：很可能在短时间之内名利双收，但这时候人生危险的情况就出现了。因为不懂谦卑，就会招来嫉妒；因为不知勤俭，就会挥霍无度。没有德行，人生发展必将面临"瓶颈"）

2. 引申

人际交往中，以德行感化他人的做法有什么好处呢？（提示：容易让人反省自己的错误，自求进步）

3. 分享

建立在德行基础上的才华，目的是造福家庭、社会。这样才华才会让人敬佩，声望也会自然传扬开来。人如果没有德行，就会干出很多错误的事情，越有才华越危险。那么，我们怎样才能更好地发挥才

华呢？（提示：培养德行才能更好地发挥才华）

四 知行合一

1.多读古今中外优秀人物的传记和道德故事，学习道德楷模，不断提升品德修养。

2.要严于律己宽以待人，使自己每天都在学习、改过、行善中成长。

第七十九天

勤俭持家

一 导 入

1.欣赏一幅"俭以养德"的书法作品,爸爸引导:这四个字出自哪里?是什么意思?（提示:出自诸葛亮《诫子书》。意思是,要依靠俭朴的作风来培养品德）

2.研讨:节俭不仅仅是一种美德,也是一种责任。"从我做起"能做些什么呢?（提示:节约用水,节约用电,随手关灯等）

3.小结:《道德经》中说"五色令人目盲;五音令人耳聋;五味令人口爽;驰骋畋猎,令人心发狂;难得之货,令人行妨。"意思是说,五光十色的花花世界使人眼花缭乱,嘈杂的急管弦使人震耳欲聋,山珍海味、美酒佳肴使人口不辨味,射雕逐鹿、骑马打猎使人精神疯狂,金银珠宝使人犯法背德。在此,老子告诫我们要以俭朴涵养品德。

二 明 理

1.讲解

《格言联璧》中说:"福生于清俭。"孟子说:"俭者不夺人。"一个人的福气是从清廉、节俭中来的,节俭的人没有贪念,不会跟人争夺权力和财务。保持俭朴的作风,实际上也是保持清醒的头脑。一个人头脑清醒就能够不断对照检查自己，不至于走向腐化、堕落。

古人常讲："勤俭，为治家之本。"勤俭是中华民族的优良家风，很多家训都非常注重培养孩子勤劳节俭的态度和做家事的习惯。做家事有很多好处，一是习劳知感恩，体会到父母的辛劳，生起感恩心；二是养成勤劳的态度，做事能力也会一点一滴地积累；三是锻炼意志力；四是营造良好的人际关系。所以，做事能力不是长大了才学，从小在家里就要训练，这是古人的家教。

2. 思考

宋代的司马光在写给儿子司马康的家书《训俭示康》中说"由俭入奢易，由奢入俭难""俭，德之共也；侈，恶之大也。"司马光秉承俭朴家风，不奢侈浪费。他写这封家书的目的是什么呢？（提示：告诫儿子不可沾染纨绔之气，要保持俭朴清廉的家族传统）

三　交　流

1. 反思

清代朱柏庐在《朱子治家格言》中说"一粥一饭，当思来处不易；半丝半缕，恒念物力维艰"，这句话体现了什么？（提示：体现了对劳动者和对自己的尊重）

2. 引申

《韩非子》中记载：商纣王制作了象牙筷子，箕子非常担忧。因为使用象牙筷子一定会配合使用犀牛角杯或玉杯，象筷玉杯一定要去吃山珍海味；吃这些就一定要穿织锦衣服，住上宽敞房屋和高台。箕子害怕后果严重，所以为这样的开端担忧。过了五年，商纣摆设肉林，设炮烙之刑，登上酒糟山，俯临酒池，最终因此而丧生。箕子看见象牙筷子就预感到了天下的危机。明智的人往往可以从事物的开端预见到事物的发展甚至结局。这个故事告诉人们什么道理呢？（提示：人要严格要求自己，即使是在小事上也不能放纵自己，要学会"防微杜渐"）

3.分享

清代的曾国藩在家书中教导子弟说"勤俭自持，习劳习苦"。宋代范纯仁在朝廷做官时，秘书监晁端提到范纯仁的家庭生活，曾对旁人说"平时他们家吃饭，菜总是咸菜、咸豆腐之类"。从晁端所说的范家的食物，可以反映出范家俭朴的家风。为什么勤俭的家风能培养出优秀的孩子呢？（提示：习劳就会感恩，感恩就会行孝道，节俭可以培养廉洁的作风。孝是为人的根本，廉是做事的根本。有孝有廉，还会不优秀吗）

四　知行合一

1.多读古人的家规家训，汲取古人的家教智慧，传承中华民族耕读、勤俭、谨朴、孝友、忠恕等优良家风。

2.要珍惜资源、节约能源，从日常生活中的小事做起培养节俭的习惯。比如：节约用电，做到人在开灯，人走断电；节约用水，用水的时候水龙头不要开得太大，合适就好；节约粮食，倡导"光盘行动"，杜绝剩饭剩菜，等等。

第八十天

尊师重道

一 导 入

1.妈妈讲"苏格拉底和柏拉图甩手"的故事：苏格拉底是古希腊大哲学家。传说有一次苏格拉底对学生说："今天我们只学一件最简单也是最容易的事，每个人都把胳膊尽量往前甩，然后再尽量往后甩。"苏格拉底示范了一遍，说："从今天起，每天做300次，大家能做到吗？"学生们都笑了，这么简单的事有什么做不到的？第二天，苏格拉底问学生："谁昨天甩胳膊300次？做到的人请举手！"几十名学生的手都哗哗地举了起来。一周后，苏格拉底如前所问，有一大半的学生举手。一年后，苏格拉底再一次问大家："请告诉我，最简单的甩手动作还有哪几位同学在坚持呢？"这时，整个教室里，只有一个学生举起了手，这个学生就是后来成为另一位伟大哲学家的柏拉图。

2.研讨：从柏拉图坚持甩手300次的故事中，可以知道他成为伟大的哲学家的原因是什么？（提示：他在无人监督的情况下，能够落实老师的教诲）

3.研讨：柏拉图为什么能够坚持这个简单的动作呢？（提示：他尊敬老师，所以能够按老师的要求去做）

4.小结：柏拉图继承了苏格拉底的哲学并创建了自己的哲学体系，

培养出了堪称西方孔子的大哲学家亚里士多德。他之所以有这么大的成就，就在于尊师重道。

二 明 理

1. 讲解

尊师最重要的是以恭敬的心对待老师，落实老师的教诲。古人教导我们亲近名师，就是借助好老师的经验帮助自己。

中华传统文化的核心就是道德。《孝经》中说："夫孝，德之本也，教之所由生也。"传统文化的根本是孝、敬，落实在孝亲尊师。父母教导孩子尊敬老师，老师也教导学生孝敬父母，父母和老师的密切配合培养出德才兼备的孩子，孝道和师道是中华传统文化的特色。真正孝顺父母的人，一定希望成就自己，"扬名于后世，以显父母"，自然会恭敬师长，所以师道也是建立在孝道的基础上。我们要建立文化自信，要复兴中华优秀传统文化，首先要提倡孝道。

父母和子女的关系是自然形成的，是自然的秩序，父子之间、母子之间的亲情也是自然的。为人父母者，看到刚刚出生的孩子，很自然地对孩子有无限的爱与关怀，只想着如何让孩子健康成长，这是父母自然生起的一种慈爱。孩子从小对父母也非常依恋。我们回想一下，很多一两岁的孩子，父母处罚他的时候，越打他，他越往父母的怀里钻，打得越用力，他抱得越紧，他对父母的那种依恋、那种爱也是天性。这就是父子有亲，父慈子孝。

中华民族传统的教育就是建立在"父子有亲"这个基础之上，"亲"就是"亲爱"，传统教育的核心理念就是爱，教育的目的就是让这种亲爱永恒不变，不被污染，不断扩大。传统的教育始于胎教，延续终生。

"父子有亲""父慈子孝"就是家庭中的爱。孩子成家，夫妻共同为家庭谋福祉，古人讲"夫妇有别"，"别"就是分工不同，夫妇的爱就是"别"。"父子有亲"这个"爱"落实在兄弟就是"长幼有序""兄友弟恭"，落实在一般人就是"朋友有信"。一个"爱"字包括了爱家庭、爱社会、爱国家、爱一切人和物，这是我们中华民族5000年传统的教育。

2. 思考

孟子没有见过孔子，但他恭敬地拜孔子为师，学习孔子留下的经典，最终被尊为"亚圣"。这启示人们怎样找到好老师呢？（提示：读古圣先贤的著作，以古圣先贤为老师，落实古圣先贤的教诲，就会取得成就）

三 交 流

1. 反思

《后汉书》中说："以身教者从，以言教者讼。"魏源在《古微堂集》中说："身教亲于言教。"这些话对教育工作者提出什么要求呢？（提示：要以"学为人师，行为世范"的标准要求自己，以"日日新，又日新"的态度培养自己的道德学问，要不断提高自身的道德修养，以自身的行动感化人、教育人）

2. 引申

《宋元学案》中说"学所以治己，教所以治人"，怎样理解这句话呢？（提示：学习才能提升自己，纠正自己的习气；透过教育才能够导正学生的观念，使其建立正确的人生观）

3. 分享

孔子教学有三千弟子，七十二贤人。孔子去世后，弟子们在老师

的墓旁盖了房子守孝三年。学生们的举动表达了什么呢？老师去世时，子贡正在别的国家做生意，因为这个遗憾，他在老师的墓旁守了六年。我们从这里体会到什么呢？（提示：表达了学生对老师的感恩心、恭敬心，让我们体会到师生间的情义、恩义、道义）

四 知行合一

1. 要知恩报恩，爱父母、爱家庭、爱社会、爱国家、爱一切人和物。

2. 要亲近名师，并以中华优秀传统文化经典著作为师，落实老师的教诲，成就自己的道德学业，为社会作出贡献。

第八十一天

教学有方

导　入

1. 父子交流：朱熹在《训学斋规》中提到"读书有三到"，即心到、眼到、口到，心眼口都要专注地用上。这"三到"中什么最重要呢？（提示：心到最重要。思想集中了，眼睛就会看仔细，嘴就会读正确）

2. 研讨：《论语》中说："温故而知新，可以为师矣。"就是说，温习旧知识从而得到新的理解与体会。这里介绍了什么学习方法呢？（提示：温习、复习）

3. 小结：《弟子规》中说："宽为限，紧用功；工夫到，滞塞通。"这句话告诉我们在制订读书计划的时候，要宽松一些，实际执行时，就要加紧用功，不可以懈怠偷懒。日积月累工夫深了，原先窒碍不通、困顿疑惑的地方自然就迎刃而解了。

明　理

1. 讲解

《礼记》中说："教也者，长善而救其失者也。"这句话揭示了教育的两大主轴：一是教育一个人改掉坏习惯；二是透过教育，把一个人的善良引发出来，使善心善行不断提升。

中国人自古注重对孩子的启蒙教育，当一个人从小就懂得多付出，有孝敬父母的处世态度，进入社会就不只为自己着想。他的童年、中年都在为家庭、为社会作贡献，晚年也会受人尊敬，这样的人生才有意义。古代仁人志士之所以令人敬仰，都是因为走了这样的人生道路。

学习中华优秀传统文化，首先要立志，立志为家庭为国家作出贡献；其次要力行，落实古圣先贤的教诲；第三要抓住古圣先贤几千年教诲的纲领——道德，深入地学习。

2. 思考

《弟子规》中说："不力行，但学文，长浮华，成何人？但力行，不学文，任己见，昧理真。"意思是，只读书，不力行，傲慢就来了。不力行孝悌忠信这些本分，只会增长浮华的习气，变成一个不切实际的人。如果只是一味地去做，不去学习古圣先贤的教诲，就会变得自以为是，依着自己的偏见做事，违背了真理。怎样理解"力行"和"学文"的关系呢？（提示：一个人的学问要增长，必须"学文"加"力行"，解行相应。"解"和"行"如同两个轮子，要协调起来）

三 交 流

1. 反思

《弟子规》中说："父母教，须敬听。"这个"敬"字是说在接受教育时一定要有恭敬心。这里启示人们，成就道德学问重要的是什么？（提示：学习态度）

2. 引申

现在很多孩子课外很忙，参加多种才艺学习，这符合教学规律吗？（提示：《礼记》说："杂施而不孙，则坏乱而不修。"学生同时学

一大堆东西，往往容易囫囵吞枣，到最后一种也学不好，不能体会到其中的乐趣就厌学了）

3.分享

教导孩子学习中华优秀传统文化，教学方法有哪些呢？（提示：一是父母以身作则，教育中最省力的做法就是身教，让孩子看到自己的父母是如何孝敬父母的，自然就学习了孝道；二是亲师合作，父母跟老师要密切配合，老师教孩子感念父母的恩德，父母教育孩子落实老师的教诲。家长教师相互配合，共同教导孩子。三是夫妻配合，比如：父亲多讲妈妈十月怀胎等诸多辛劳，妈妈多说爸爸在孩子成长过程中的付出，使孩子感受父母之恩，知恩报恩）

四　知行合一

1.抓住道德的纲领，从小打下德行的根基。读书要选择有益身心健康的书籍，读书时要思想集中、精神专注，做到理解和力行相结合。

2.要创设有利于读书的家庭环境，比如：书房要整理清洁，书籍课本应分类放在固定的位置，文具要摆放整齐等。

第八十二天

立志惜时

导　入

1. 父子交流：爸爸拿出一根小木棍，一边做演示一边对孩子说：人生就像这条木棍，代表 80 岁。你 20 岁前，还没有能力帮助家庭、社会，这一段要折掉。60 岁后年老体衰，贡献也不大，这一段也要折掉。剩下的这一段，睡觉就用掉了 1/3，要折掉。每天吃饭、洗澡等，也要用时间，再折掉。爸爸引导：在这个折小棍的过程中，你明白了什么？（提示：要珍惜时间）

2. 研讨：人的一生中时间很宝贵，而且能够为社会作贡献的时间也不多。那么，怎样使自己的人生更有意义、有价值呢？（提示：珍惜时间，成就学业，服务社会，奉献人生）

3. 小结：一个人要想为家庭、为社会作出贡献，就要不断增长服务社会的本领。只有从小立志，才能学业有成。

明　理

1. 讲解

明代学者王阳明曾说："夫学，莫先于立志。"又说："志不立，天下无可成之事。"没有志向、没有理想，就会一事无成。立志对一

个人的学业、事业发展，既是指引又是动力。

学贵立志，志向决定学业的成败。要从小树立为家庭、为国家、为大众服务的志向。成年人也要立志做一个孝子，做一个好父母，做一个好公民。当一个人有这个志向，就会不断勉励自己进德修业。当这份志气能够坚持不断，就会激励自己快步向前，完成人生的本分、使命。

韩愈在《进学解》中说："业精于勤而荒于嬉。"意思是，学业由于勤奋而精通，由于玩乐而荒废。人生只有立定志向才能做到勤奋学习。

立定人生的志向，就会珍惜时间。明代诗人文嘉在《明日歌》中说："明日复明日，明日何其多。我生待明日，万事成蹉跎。"假如常常想着还有明天，还有明年，光阴就会在不知不觉中流失了。陶渊明《杂诗》中说："盛年不重来，一日难再晨。及时当勉励，岁月不待人。"人生立定志向，就会抓住学习的宝贵时间，时光不等人。

人生很短暂，要利用这个短暂的生命，对得起父母的养育之恩、大众的提携照顾和国家的培养护佑。留名青史的这些人，都非常珍惜时间。只有做到珍惜时间，才能作出更多的贡献。

2. 思考

司马光用了19年的时间完成了《资治通鉴》，他怕自己睡太多，就用木头做了一个圆形的枕头，只要稍微翻一下，就会滑下来，只要醒了就马上工作。他宁可少睡觉也要多做事，这种惜时写作的动力来自哪里呢？（提示：来自为国家、为后世子孙造福的志向）

三 交 流

1. 反思

《养正遗规》中说："学莫先于立志，固人尽知之。但世人所谓立志，志科名耳，志利禄耳。每子弟发蒙，即便以此相诱。故所夸材隽，不过泛滥于记诵词章，而不复知孝悌忠信为何事。"古人说："读书志在圣贤。"如果父母用名利享受来诱导子女读书，他可能也很发奋，也有才华。但没有在道德上的追求，后果会怎样呢？（提示：这样就不能"明明德"，不能弘扬内心的光明品性，不能提升人生的境界，不能为家庭、社会作出贡献）

2. 引申

《乐府诗集》诗中说："百川东到海，何日复西归？少壮不努力，老大徒伤悲。"一个人年轻力壮的时候不奋发图强，到了一头白发的时候，悲伤难过也是徒劳。这首诗给人们什么提醒和告诫呢？（提示：这首诗提醒人们应该珍惜时间，不应浪费时间；也告诫人们要趁年轻好好努力，不要到老的时候一事无成，只能留下悲伤、后悔）

3. 分享

清朝陈宏谋先生在《五种遗规》之《养正遗规》中，引用朱熹的话说"朱子谕学者，所云志不立之病，却在贪利禄不贪道义"。朱熹教导后学，立志要立得正。如果有贪利禄、追求名闻利养、嗜欲享受的心去学习，这个志就歪了。怎样把志向立端正呢？（提示：志向立端正就是要追求道义，"读书志在圣贤"，要从小学习中华优秀传统文化，做一个有德行的人，一个有利于社会的人）

四 知行合一

1. 立志做一个好孩子、好学生、好公民，努力为家庭、为大众、为社会作更大的贡献，把自己的青春梦想融入实现中国梦的伟大实

践中。

2.要把握住现在，把握住今天，抓紧时间好好学习，珍惜时间做有意义的事。

第八十三天

传统膳食

━ **导　入**

1. 观看 CCTV 健康之路"中国式膳食与健康"的视频。爸爸引导：我们在这个节目中看到，在我国 69 个县开展了哪方面的科学研究呢？（提示：关于膳食、生活方式和疾病的研究）

2. 视频中，调查研究显示怎样的膳食有利于健康呢？（提示：以植物性食物为主的膳食）

3. 小结：植物性食物包括粮食、蔬菜、水果、豆类、坚果类，这些种植出来的食物更有利于健康。

━ **明　理**

1. 讲解

《口铭》中说："病从口入。"这是告诫人们 饮食与健康密切相关。

《汉书》中说："民以食为天。"我们通过饮食可以获得健康与活力。

《大戴礼记》中说："食谷智慧而巧。"中华民族的传统饮食中也强调平衡膳食，就是强调多摄入由多种天然食物组成的膳食，这些可提供人体基本的营养需要，在支持正常发育、保持适当体重、预防营养不良的同时，减少与营养过剩相关疾病的发生。

2.思考

吃饭是吃饱了最好吗？（提示：吃七八分饱最好，吃撑了增加身体的负担，危害健康）

三 交 流

1.反思

晚餐吃多了有哪些危害呢？（提示：晚餐吃得过饱时，多余的热量合成脂肪在体内储存，可使人发胖，还会导致多种慢性病）

2.引申

常吃夜宵对人体危害有哪些呢？（提示：常吃夜宵容易引发胃病、导致肥胖、诱发失眠等种种疾病）

3.分享

《老子今注今译》中说："圣人为腹不为目。"饮食是为了吃饱肚子，不是为了满足感官享受。怎样深层地理解这句话呢？（提示："为腹"和"为目"代表的是两种生活方式和人生追求。"为腹"追求的是内在修养的提升，"为目"追求的是欲望的放纵和外物的占有）

四 知行合一

1.要多学习并和父母沟通随顺自然、平衡膳食的好处。

2.传承中华民族传统饮食文化，多吃五谷杂粮、水果、蔬菜等，促进身体健康。

第八十四天

起居有常

一 导 入

1. 母子交流：你的生活作息有规律吗？

2. 研讨：如果晚上熬夜了，第二天上课学习时会出现什么状况呢？

（提示：精神疲倦）

3. 小结：人顺应自然界的规律，生活作息有规律，有利于学习、工作和身体健康。

二 明 理

1. 讲解

《黄帝内经》中说"起居有常"，就是生活作息有规律。培养规律生活习惯，建立科学的作息规律，休息、劳动、饮食、睡眠，皆有规律，并持之以恒，生活安排得井井有条，才会生机勃勃，精神饱满地学习、工作。

人与自然界息息相关。根据季节变化和个人的具体情况制定出符合生理需要的作息规律，并养成按时作息的习惯，才能使人体的生理功能保持在稳定平衡的良好状态中。

2. 思考

孩子处于身心发育时期，需要养成良好作息习惯吗？（提示：需要。

良好的作息是成长的基本保障。从小养成规律的生活起居习惯，将能陪伴孩子的一生）

三 交 流

1.反思

清晨早起和睡懒觉有哪些好处和危害呢？（提示：早起会使头脑清醒，有益健康，可以充分利用时间计划一天的学习、工作，让生活井然有序；睡懒觉会使人精神不振，情绪低落，变得懒惰）

2.引申

古人的起居方式是"日出而作，日落而息"，随着手机电脑的应用很多人忽略了这一点，熬夜已成常态。经常熬夜就会精神萎靡不振，不利于健康。对于一些必要的熬夜，如学习工作需要，怎样调整作息呢？（提示：要及时进行自我调整，间歇性调整作息，做到规律作息）

3.分享

《弟子规》为什么在"入则孝"中讲到"居有常，业无变"呢？（提示：孩子养成良好的生活习惯是父母所期望的。选择职业应该以正当的职业为标准，无论是职业还是婚姻，都要认真、谨慎的对待，不能随便地更换、放弃，对出现的困难，要用"勿畏难"的态度面对，从古圣先贤经典中找到处理的方法。事业成功、家庭美满就是孝道的落实）

四 知行合一

1.建立科学的作息规律，养成按时作息的习惯。根据季节变化和

个人的具体情况制定符合生理需要的作息规律。

2.培养规律的生活习惯，合理的安排生活作息规律，做到每日定时睡眠、定时起床、定时用餐、定时工作学习、定时锻炼身体等。

第八十五天

着装得体

一 导 入

1.收集一些衣服的图片。爸爸引导：哪些衣服适合你呢？（提示：根据自己的年龄特点选择）

2.研讨：选择服装时要考虑哪些因素呢？（提示：自身形体、年龄、职业等）

3.小结：从礼仪的角度看，着装不能简单地等同于穿衣。它是一个人基于自身的阅历修养、审美情趣、身材特点，根据不同的时间、场合，力所能及地对所穿的服装进行精心的选择、搭配和组合。

二 明 理

1.讲解

《弟子规》中说："衣贵洁，不贵华，上循分，下称家。"穿衣需注重整洁，不是为了追求奢华。古人时时提醒自己帽带要正、裤带要正、鞋带要正。一个人仪容端庄，既体现出内涵，更是尊重他人和承传家道。

2.思考

穿衣的本质是为了保暖、健康，不是向别人炫耀。一个人如果喜

欢追求衣服款式的更新和名牌等昂贵东西结果会怎样呢？（提示：容易使自己陷入欲望的深渊，精神空虚）

三 交 流

1. 反思

公众人物如果穿衣暴露，会给社会带来什么影响呢？（提示：一些人模仿公众人物穿衣暴露，就会带动不良风气）

2. 引申

如果妈妈喜欢穿暴露多的衣服，就会给孩子带来什么后果呢？（提示：孩子很容易模仿，容易造成别人对自己做出轻浮的举动）

3. 分享

《弟子规》中说："置冠服，有定位，勿乱顿，致污秽。"衣物有固定位置才能避免造成脏乱。这样做有什么好处呢？（提示：这样能使生活有条不紊，既营造了整洁的家居，也体现了自己的修养）

四 知行合一

1. 着装要遵循整齐清洁的原则，做到文明大方、搭配得体。

2. 选择服装时要考虑自身形体、年龄和职业特点，在正式场合忌穿过露、过透、过短、过紧的服装。

第八十六天

出告反面

一 导 人

1. 母子交流：在过去奉养父母的礼节中，早晨起床后问候父母，晚上睡觉前探望父母。你知道这是为什么吗？（提示：孩子早晚问候父母，其实就是让父母看到自己的状态，让父母放心）

2. 研讨：《弟子规》中说："出必告，反必面。"外出离家时，须告诉父母要到哪里去，回家后要当面禀报父母回来了。这又是为什么呢？（提示：向父母报平安，让父母放心）

3. 小结：父母心中无时无刻不在惦念着孩子，而孩子的这些行为无非就是让父母放心、安心。

二 明 理

1. 讲解

"晨昏定省""出告反面"，这些都是让父母安心。其实，古人侍奉父母的种种礼节都是孝道的落实。古圣先贤从小教育孩子养成这些习惯，就是要让孩子在这些生活细节中了解到，自己所有的行为都不应该增加父母的担忧。当子女的，小时候很难在生活中给予父母什么支持，但起码要让父母少操心，让父母放心。

《弟子规》中说："事虽小，勿擅为；苟擅为，子道亏。"这是告诉做儿女的，即使是小事也要向父母禀告。如果擅自做主、任性而为，就容易出错。

中国人的性格比较含蓄，父母心中的感受往往不会在言语中流露出来，所以做儿女的要善于体会父母的心境和需要，努力使自己的所作所为让父母心生欢喜。

2. 思考

有些年轻人说："我父母怎么管我这么多。"想一想，父母为什么管他这么多呢？（提示：主要是因为他的行为不能让父母放心。其实他应该反问自己，如果能够管理好自己，父母还这样操心吗？所以要体谅父母的用心，进而让自己更懂事）

三 交 流

1. 反思

"出告反面""晨昏定省"，这是孩子念父母的时刻。有位妈妈说，温差变化大的春秋季节，怕孩子半夜着凉，自己的被子总是盖得很薄，目的是半夜冻醒了，再为孩子盖被子。想一想，父母一天惦念孩子多少次呢？（提示：父母在睡觉中都不忘关怀子女，可想而知，父母时时刻刻都在惦念着孩子）

2. 引申

有个学生回到家没有跟父母打招呼，马上跑进书房去玩玩具，过了一小时，他妈妈以为他没有回家，就很紧张地跑到学校去找他。这件事给孩子们什么启示呢？（提示：一定要养成让父母安心的行为习惯，将来在团体中也应该这样，使自己的一言一行不造成别人的负担）

3.分享

假如在外地上学,离家远,你要怎么问候父母呢?(提示:要固定时间打电话回家。在电话中,要把自己的情况向父母报告,让他们了解、放心。而且,最重要的是要做到自己的德行、言语和行为让父母安心)

四 知行合一

1.理解和学习古人的种种孝行,体察他们对父母的孝心。在新时代传承和弘扬古圣先贤的孝亲精神。

2.要把古人的礼节具体化,例如,外出时要告诉父母去哪里,跟谁去,什么时候回来,远行时向父母报平安等。

第八十七天

交友之道

导 入

1. 爸爸讲"管鲍分金"的故事：管仲和鲍叔牙相识后，两个人开始合伙做买卖。由于管仲家境贫寒就出资少，而鲍叔牙出资多。后来，有人发现管仲用挣的钱先还了自己欠的一些债，这钱还没入账就花了。可是，年底分红时，鲍叔牙分给他一半的利润，他也接受了。鲍叔牙手下的人很生气，有个人就对鲍叔牙说："管仲出资少，平时开销又大，年底还照样和您平分利润，显然他是个十分贪财的人。"鲍叔牙斥责他手下说："你们满脑子里装的都是钱，就没发现管仲的家里十分困难吗？他比我更需要钱，我和他合伙做生意就是想要帮帮他，我情愿这样做，以后不要再提这件事了。"

2. 研讨：鲍叔牙为什么和管仲合伙做买卖呢。（提示：以这种方式帮助管仲解决他的家庭困难）

3. 小结：这个故事启示我们朋友之间要相知相惜，相互帮助。

明 理

1. 讲解

《论语》中说："与朋友交，言而有信。"朋友之间要有信义和义务。

具体来讲，朋友之间要有以下应尽的义务：

第一，要互相劝谏。如果朋友有过失而没有去劝，就没有尽到做朋友的职责。很多时候，人都需要别人的提醒，才会明白更多道理。每个人既要能接受别人的劝谏，也要懂得如何规劝亲友。《论语》中说："信而后谏。未信，则以为谤己也。"要先取得信任，然后才去规劝；否则，别人就会以为你在诽谤他。所以，规劝他人首先要取得对方的信任。

第二，要互相关怀，时时关怀他人。关怀朋友，还要爱屋及乌，关怀他的家庭。"敬其父则子悦，敬其兄则弟悦。"当你尊敬他的父亲，他就会高兴，他的兄弟姐妹都会欢喜，你就可以跟他的家庭处得很好。

第三，要互相赞叹，互相肯定。每个人在人生的旅途中，都常常会有情绪的起伏，这个时候特别需要朋友的支持与安慰。

第四，要不言家丑。因为朋友信任我们，可能会把一些家庭比较隐私的事跟我们讨论，我们不可以把这些事讲出去。如果讲出去，就可能被别人拿去制造一些谣言，这就会伤到朋友的内心或者他的家庭。所以当别人已经推心置腹，就更应该谨言慎行。

第五，要有通财之义。当朋友需要时，要用钱财、劳力、经验、智慧去帮助他。人生难免起伏，当朋友确实有紧急的状况就要去帮助。恩惠不在大小，在危急当中，这样的关怀帮助会使他非常感动。

2. 思考

俗话说"救急不救贫"，为什么呢？（提示：一个人没有钱，只要他有志气、肯学习，以后可以有钱。如果一个人连志气和学习的心都没有，那才是真正的贫穷。对方如果是这样的状况，你拿钱帮助他，他反而会愈来愈依赖，甚至觉得理所当然。如此，我们本来是想帮助他，

到最后反而害了他）

三 交 流

1.反思

《朱子治家格言》里说："狎昵恶少，久必受其累。"如果自己的德行还没有稳固，对于那些没有德行的朋友，要怎样做呢？（提示：要敬而远之，先修养、提升自己的德行）

2.引申

一个有许多不良嗜好、没有家庭责任感的人来跟你借钱。你要怎么办呢？（提示：这种情况就不要借给他，可以给他讲一些做人的道理或者自我砥砺的经验，要用智慧帮助他改善心行）

3.分享

《弟子规》中说："善相劝，德皆建；过不规，道两亏。"对于别人的过错，要善于劝导，要往好的方面劝导，才能共建双方的品德。如果该规劝的时候不规劝，就失去了做朋友的本分。朋友之间怎样把握规劝的分寸呢？（提示：要等待对方心情好的时候委婉地说。要体谅对方，保持利于对方的心，不可以揭人短处、说人隐私。规劝时还要有正确的方式态度，要"扬善于公堂，规过于私室"，顾及对方的面子）

四 知行合一

1.与朋友交往要互相关怀、互相帮助、互相肯定。

2.与朋友交往要言而有信、互相劝谏、不言家丑。

第八十八天

谨言慎行

一 导 入

1. 母子交流：我们都熟悉"狼来了"的故事。故事中的孩子第一次大喊：狼来了！村民都赶来把狼赶走，他还在那里大笑。第二次他又开玩笑欺骗别人，就没有来那么多人来。第三次狼真的来了，他大喊狼来了，却没有人来救他。妈妈引导：这个孩子为什么撒谎呢？（提示：他觉得好玩）

2. 研讨：一个孩子跟妈妈要钱交给学校，却说是捡到的。因为这样可以受到老师的表扬。这个孩子撒谎的原因是什么？（提示：贪图虚荣）

3. 研讨：有些孩子会和别人攀比，说我们家有什么有什么，愈说愈夸张。这些孩子为什么撒谎呢？（提示：逞能、虚荣、炫耀）

4. 研讨：一个孩子把学校的公物弄坏了，怕被处罚，就跟旁边的同学说，不要告诉老师。这个孩子撒谎的原因是什么呢？（提示：掩过饰非）

5. 研讨：假如你是老师，怎样教育那个弄坏公物的孩子呢？（提示：可以跟他说：弄坏学校公物，不告诉老师，这样就失去了老师对你的信任。所以，错了就要承认，"过能改，归于无"）

6. 小结：孩子撒谎的原因很多，这些往往是受大人的影响。如果

大人常常撒谎，小孩就会潜移默化受到影响。（提示：撒谎有极大的副作用，所以就要严格警诫自己，不可以撒谎）

二 明 理

1.讲解

对话是人与人之间最频繁的互动。言谈举止文雅，无形中就会提升一个人的气质修养。为人长者，或者企业的领导者，在言谈当中要不疾不徐，要多给人鼓励、称赞。

《论语》中说："君子欲讷于言，而敏于行。"与人交谈，说话要恰到好处，该说的就说，不该说的不说。立身处世要谨言慎行，谈话内容要实事求是。

《弟子规》中说："凡道字，重且舒；勿急疾，勿模糊。"就是说，讲话时要口齿清晰，咬字要清楚，慢慢讲，不要太快，更不要模糊不清。

讲话时还要注意讲话的态度和方法，讲话的声调要适中，声音不可以太大或太小。在对别人讲话时，眼睛要看对方以示尊重。

讲话就要讲诚实语、智慧语，要能够利于、帮助、成就别人。

2.思考

与朋友交谈，当对方谈到自己的烦恼和不如意的事情时，怎样引导才能对他有帮助呢？（提示：引导对方自我反省，这样往往更有助于问题的解决）

三 交 流

1.反思

《易经》里说："吉人之辞寡，躁人之辞众。"一个人言语的多

寡会影响什么呢？（提示：口里滔滔不绝，心就不静。这样的心境很容易说错话、犯过失。言语少的时候心就比较平和，人心平和对所处的环境、所发生的事就不容易出差错）

2. 引申

一天，司马光跟姐姐比剥核桃。姐姐离开时，仆人告诉他用热水烫一烫就好剥了。姐姐回来看他剥得快，就问："谁教你的？"他回答说是自己学会的。一直在旁边的父亲当场批评了他。父亲在他第一次犯错就严厉地批评，这种正确的教诲让司马光一生坦坦荡荡，他曾说"平生所为之事，无有不可语人者"。这个故事给人们什么启示呢？（提示：言语要诚实，做人要坦荡）

3. 分享

古代有一首诗中说"堂堂七尺躯，莫听三寸舌；舌上有龙泉，杀人不见血"。一个人要能够辨别谗言，才能与人相处得好。那么，我们怎样面对谗言呢？（提示：当对方说某个人的是非，如果你跟这个人认识，也不能把这段话传过去。要用真诚心跟那个人沟通。如果没有这回事，就要安慰他；如果有几分真实，就要适当地规劝他）

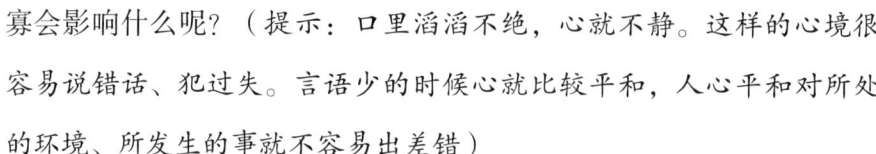

四 知行合一

1. 要从古圣先贤的经典中学习提升自己的判断力。对事情没有了解清楚时，不要发表意见，不要任意传播。

2. 言语行为要谨慎，讲话的内容要实事求是，要隐恶扬善，在说话和行动之前考虑到大局和对方的前途。

第八十九天

一诺千金

一 导　入

1.父子交流：爸爸讲"季札挂剑"的故事：春秋时代吴国的季札出使晋国。他途经徐国时，国君宴请他。吃饭时，国君一直盯着季札的宝剑，掩饰不住对宝剑的喜爱之情。季札心想：出使晋国，配剑是必要的礼仪，心里答应回来后才可以送给他。当他出使回来，徐国国君已经去世了。季札就前往祭拜，临走时把宝剑吊在了坟旁的树上。

2.研讨：一般人会怎样看待这件事呢？（提示：即使没有亲口答应把宝剑送给他，而且他已经去世了，就只能留下宝剑了）

3.小结：季札曾说："我的心早就已经答应要给他了，怎么可以因为他的去世，而违背我的心呢。"可见，古圣先贤的信不只在言语上，连一个心念都不愿违背。他们既不愿违背别人，也不愿违背自己的良心。

二 明　理

1.讲解

《弟子规》中说："凡出言，信为先。"一个人开口说话要做到诚信为先，对自己讲出来的话要放在心上去履行。答应他人的事情，一定要遵守承诺。

守信用一定要做到童叟无欺，不分年龄，不分长幼贵贱。遇到不合义理和没有能力做到的事就不能答应，不能欺骗或花言巧语。

《弟子规》中又说："见未真，勿轻言；知未的，勿轻传。"任何事情在没有看到真相之前，不要轻易发表意见，对事情了解得不够清楚时，不可以任意传播，以免造成不良后果。一个团体要以和为贵，更需要包容。

一个人要想见解正确，可以从古圣先贤的教诲中提升自己的判断力，不断学习中华优秀传统文化的经典。

2. 思考

如果轻易答应了自己做不到的事，结果会怎样呢？（提示：会使自己进退两难）

三 交 流

1. 反思

如果一个人不守信，还找一些借口来掩饰，结果会怎样呢？（提示：当大家了解到这个人不愿意承受自己的失信，他的名声就会越来越差，大家都会远离他）

2. 引申

有一个孩子，从小他想要的东西父母都满足他。孩子长大了，也习惯要东西了。有一天，他要的东西父母满足不了他了，他就动手打父母，最后把父母赶出了家。这个故事给做父母的什么启示呢？（提示：从小对孩子不要太溺爱，对孩子的要求不能随便答应）

3. 分享

人有旦夕祸福，有时候出现一些状况，让你无法兑现诺言，这个

时候要怎么办呢?（提示：要开诚布公，让对方真正了解你的难处和诚意。如果继续掩饰，对方就会越来越愤怒，到最后就很难收场）

四　知行合一

　　1.要信守诺言，做到童叟无欺。

　　2.讲话要讲诚实语、智慧语，要能够成就、帮助别人。

第九十天

敬长尊贤

一 导　入

1. 母子交流：《弟子规》中说："长者立，幼勿坐。"就是说，长辈站立时，晚辈应陪立，不可以先坐下来。我们小时候，家里来了人，我在一旁站着，如果父亲不发话，是不可以坐的。农村里有规矩，如果有长辈在，晚辈是不可以上坑的，这么一个秩序，能够培养孩子有一颗怎样的心？（提示：敬畏心和恭敬心）

2. 研讨：在长辈前面讲话时声音的大小怎样把握呢？（提示：声音要放低，但也不要太小，要让长辈能够听清楚）

3. 小结：等长辈坐下晚辈再坐，这是进退之礼。在长辈前面讲话时把握好音量，这是讲话的礼貌。这些无非是表达对长辈的尊敬。

二 明　理

1. 讲解

《弟子规》中说："称尊长，勿呼名。"称呼长辈时不直接称呼长辈的名字，其实就是一种恭敬。如果直呼名号，就会感觉全身不舒服。"姐""哥"这种称谓叫久了会愈叫愈亲。在社会上，对尊长以"叔叔""阿姨"来称呼，在单位以职务去称呼，这样称呼让人家听了舒服，

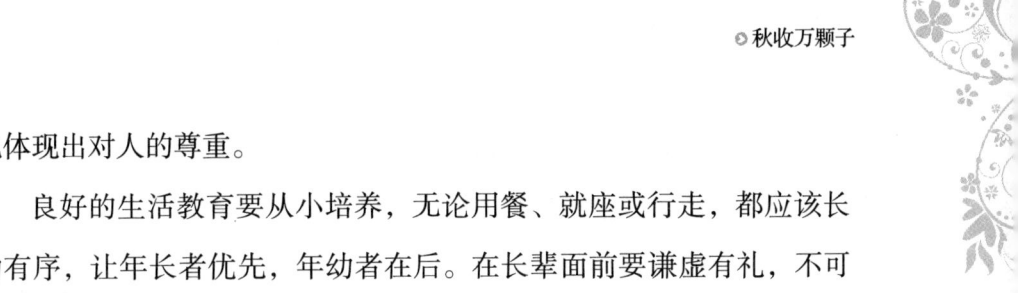

也体现出对人的尊重。

良好的生活教育要从小培养，无论用餐、就座或行走，都应该长幼有序，让年长者优先，年幼者在后。在长辈面前要谦虚有礼，不可以炫耀自己。

有事到尊长面前应快步向前；退回去时，稍慢一些才合乎礼节。跟长辈讲话，要让长辈清楚我们在说什么，当长辈问话时，应当专注聆听，眼睛要看着对方，不可以东张西望、左顾右盼。

就餐时，要请长辈先坐，而且要坐主位。主位是在正对门的位子，长辈坐在那个位置可以掌握全局。吃饭时，也要请长辈先用，自己的德行就在这礼让中提升了。

2. 思考

孩子对人讲话时眼神不专注，这些细节代表了他的心没有恭敬，很浮躁。这是缺乏礼节的教育，久而久之就我行我素了。出现这种状况，家长要怎样做呢？（提示：要耐心教导，使他慢慢改善）

三 交 流

1. 反思

就餐时，如果长辈坐进门的位置，结果会怎样呢？（提示：谁进来他都搞不清楚，就会出现尴尬的局面）

2. 引申

在走路时，应该礼让长辈先行。但在坐电梯时，为了防止孩子出危险，就要怎样做呢？（提示：要灵活应对，照顾好孩子）

3. 分享

古代的礼仪中，不论骑马或乘车，路上遇见长辈都要下马或下车

问候。古代交通工具一般比较慢，如果现在坐在行驶的车上，望见长辈在路边，还要打招呼吗？（提示：这种情况下就不必打招呼，这是出于安全考虑）

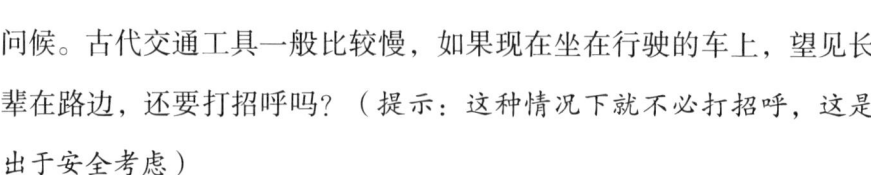

四　知行合一

1. 要把握礼仪的原则，但也要会变通。在长者面前，进退之间都要体现对长辈的恭敬。

2. 称呼长辈要礼貌，不可以直呼其名。用餐、就座或行走时，要做到长者先，幼者后。

第九十一天

站立坐走

一 导　入

1.父子交流：一些人在坐沙发的时候，有时候会躺下去或者歪倒一边。他们为什么喜欢这样呢？（提示：感觉舒服）

2.研讨：这个舒服是一时的，时间长了会造成什么后果呢？（提示：脊椎弯曲，长时间弯曲就会影响健康）

3.小结：古人说，站有站相，坐有坐相。一个人养成有利于健康的好习惯，就会过得轻松健康。这些习惯如果不能从小养成，长大了就很苦。自己照顾好身体，才对得起父母及所有爱护我们的人。

二 明　理

1.讲解

《弟子规》中说："勿践阈，勿跛倚；勿箕踞，勿摇髀。"意思是，在站或者坐的时候不要去踩东西，站立的时候不要歪一边或者靠东西，坐下去两脚不要开得很大，不要晃腿。

一个人要站有站姿，坐有坐姿。俗话说，"站如松，坐如钟，行如风"。就是说，站着要像松树那样挺拔，坐着要像座钟那样端正，行走要像风那样快而有力。其实这样的习惯就是道法自然，对身体最有好处。

男士站立，应该脚与肩同宽，收腰挺胸，两臂自然下垂，头不要太仰，直视前方，要有顶天立地的气势。女士站立，可以一只脚在前面一只脚在后面，或者直接平站，双手自然下垂。总之，要追求动作的优雅。

行走的时候速度要快一些，但不要有很大的声响。走路的时候，挺胸收腹，目光平视，两手自然下垂，前后摆动，脚尖直指正前方，身体平稳，两肩不要左右晃动。男性要显出阳刚之美，女性要显出阴柔之美。

男士坐的时候，双脚可以微微打开，双手自然放在大腿上，这个样子就很有威严。女士坐的时候脚要并拢，体现庄重矜持。

2. 思考

如果一个人站立时身体歪歪斜斜的，坐的时候伸出两腿，还不停地抖动，这个举动给人怎样的印象呢？（提示：轻浮、傲慢）

三 交 流

1. 反思

夜晚回家上楼时，要放轻脚步，以免打扰他人休息。这个细节也提示人们在日常生活中要怎样呢？（提示：要处处反思自己的行为是否对别人产生不好的影响）

2. 引申

当一个人腿在抖动的时候，内心往往是怎样的状态呢？（提示：焦躁不安，无法专注）

3. 分享

行走的礼仪中，还有"行不中道，立不中门"的原则，即走路不可走在路中间，应该靠边行走；站立不可站在门中间，应站边上。为

什么要这样呢？（提示：这样既表示礼敬的态度，又可以避让他人）

四　知行合一

1.站有站姿，坐有坐姿，做到"站如松，坐如钟"。

2.行走时速度要稍快一些，但不要有大的声响。

第九十二天

待客礼仪

导　入

1.母子交流：如果家里来客人了，你依旧在屋里玩电脑，这样好不好？后果怎样？（提示：这样不好。如果把自己的玩乐放在第一位而忽略尊长，时间长了恭敬心就不见了）

2.研讨：一个人对人怠慢习惯了，会有什么不良影响呢？（提示：很难与人友好相处，而且经常会出现尴尬局面）

3.小结：礼对一个人的未来影响深远，所以要从小学习。

明　理

1.讲解

接待客人的礼仪要在生活中学习。家里来了客人要主动地问候和接待。这样，一个人的耐性、沉着也就在礼仪的实践中养成了。

家里来了客人要有礼貌，接电话的时候也要这样。接起电话来要说：你好，我叫某某，请问您找谁？跟长辈打完电话，一定要等长辈先挂电话，体现对长者和他人的恭敬。

我们多学习中华优秀传统文化，了解做人的道理，就会从内心深处生起恭敬心，表现出彬彬有礼的态度。

2. 思考

孩子从小在礼仪的应对中，会有什么收获呢？（提示：孩子在面对一件事时，处理得有始有终。在这个过程中，做事的能力就会不断提高）

三 交 流

1. 反思

敲门时，屋里人问："是谁呀？"应该怎样回答呢？（提示：应该报出自己的名字，而不是说："我！"）

2. 引申

进入别人的房间时，为什么要先敲门呢？（提示：这是对主人的尊重，如果莽撞地进去，就很无礼）

3. 分享

到别人家里做客时，要做些什么准备呢？（提示：可以买一点他父母可能喜欢的礼物等）

四 知行合一

1. 要在生活细节中体现出恭敬的态度。

2. 接电话时要礼貌地应对。家里来了客人要快步上前迎接，主动地问候和接待。

第九十三天

交往礼仪

一 导 入

1.播放一段古装影片中有见面礼仪的视频，爸爸引导：古代的见面礼仪有哪些呢？（提示：鞠躬、跪拜作揖等）

2.研讨：晚辈遇到长辈要主动上前，而不是慢悠悠地走。这个主动上前的动作表现了什么呢？（提示：对长辈的恭敬）

3.小结：现代人们相见时最常见的礼仪是握手，那么，握手时应该注意什么呢？（提示：合乎礼仪）

二 明 理

1.讲解

握手是社交常见的礼节。与人初次见面，往往以握手示礼。握手的礼节中，首先要注意"顺序"：应该是长辈先伸手，晚辈再伸手；领导先伸手，下属再伸手；女士先伸手，男士再伸手。这个顺序一颠倒，可能就会出现尴尬的情况。其次要注意"态度"：要握手时，眼睛要看对方，不要看别处。再次要注意"力度"：力气不要太大，也不要只是碰一下。最后要注意"时间"，握手的时间不可以太长。握完手以后要互相介绍。介绍的顺序跟握手的顺序相反，先把晚辈介绍给长辈，

把下属介绍给领导，把男士介绍给女士。

在介绍的过程中，递名片时要双手递，要让能直接看到的那一面面向对方。这些细节也要表现出替人着想的心。在接名片时，也要先看一下，把称呼看好。拿了名片应该尊重，可以放在包里，不可随便放在桌上。这样处处有礼，就能留给人家很好的印象。

《弟子规》中说："缓揭帘，勿有声。"这里举出一个揭帘子的动作，引导我们要时刻替别人着想。

2. 思考

一个人为什么要学礼呢？（提示：礼可以降服自己的傲慢心，让恭敬心散发出来，从而与人和睦相处）

三 交 流

1. 反思

在公众场合，一些孩子大吼大叫、跑来跑去，家长应该怎样做呢？（提示：要适时地制止这些行为。家长要有耐性，不断地教导孩子）

2. 引申

吃饭声音大别人也会不舒服，所以嚼东西时嘴巴闭起来才好。这样做有什么好处呢？（提示：这样做是替人着想，也体现出自己的修养）

3. 分享

在群体中活动时，要注意自己的一举一动不要给别人造成烦恼。大家在一起时，凡是出声音的动作应该怎样注意呢？（提示：动作要轻，不要发出太大的声响，以免打扰他人）

四 知行合一

1.要自觉遵守礼仪规范，在团体中要注意自己的言语动作不要影响到他人。

2.握手的礼节中，要注意顺序、态度、力度、时间等。

第九十四天

送客礼仪

一 导入

1. 母子交流：李白有一首诗《黄鹤楼送孟浩然之广陵》，从这首诗的题目看，这是一首什么题材的诗呢？（提示：送别诗）

2. 研讨：作者送朋友一直等到"孤帆远影碧空尽"，这句诗流露出对朋友的什么情感呢？（提示：对朋友的相惜之情）

3. 小结：送别朋友，朋友已经完全看不到了，还舍不得离开，这个场景表达出朋友之间深厚的情谊。

二 明理

1. 讲解

《弟子规》中说："骑下马，乘下车；过犹待，百步余。"这里所指的是以前的社会环境里，看到长者要下马、下车，主动打招呼。"过犹待，百步余"可以衍生成送客的礼仪。送客时要等客人离去以后再走，这样就会让客人有相惜的感受。这里的"百步"是一个大概的距离，就是要目送着客人远去。礼是自然的秩序，如果能够遵守，就会和谐。如果觉得烦琐把它废除掉，往往会产生很多不愉快和误会。

礼节是人与人之间的行为规范，真正懂得学习的人，不会厌恶这

些烦琐的事情，这些细节正好用来磨炼自己。这样久了养成习惯以后，这个人反而有一种雍容大度之气，即使在事情很忙乱的时候，礼节也不会乱，这才是有道德的人。

2. 思考

如果住的是楼房，怎样送客人呢？（提示：要把客人送到电梯口，等电梯下去了再回来，这样客人的心中就会很温暖）

三 交 流

1. 反思

与老师、长辈分别时，要怀有一颗感恩的心。在目送老师、长辈的过程中，心中要想些什么呢？（提示：正是因为有师长点点滴滴的教诲，自己才能够增长智慧，不断进步）

2. 引申

孟子说："敬人者，人恒敬之。"当我们在每个细节都能给对方愉悦的感受，就会收获幸福的回馈；每个人都去尊敬他人，就能够和乐融融。那么，按照礼节送客人的过程，自己有什么收获呢？（提示：培养了自己对他人的恭敬心，也赢得了他人对自己的爱戴与尊重）

3. 分享

南朝文学家江淹的《别赋》中说："别方不定，别理千名，有别必怨，有怨必盈"。这句话用打破时空的方法进行概括，概括出人类伤离别是人们的普遍情感。那么，怎样减少与朋友分别时的伤感呢？（提示：要珍惜与朋友在一起的时光。在生活细节中多一些鼓励和安慰，在相处中尽到自己的责任与义务）

四 知行合一

1. 与人相处时，要让自己的每个细节都能给对方愉悦的感受。

2. 见到长者要主动上前打招呼，送客时要目送着客人远去。

第九十五天

经营之道

1.爸爸讲解《史记》中范蠡的故事：范蠡帮助越王复国之后，他便乘坐小船漂泊江湖，改名换姓，到齐国改名叫鸱夷子皮，到了陶邑改名叫朱公。朱公认为陶邑居于天下中心，与各地诸侯国四通八达，交流货物十分便利，于是就治理产业，囤积居奇，随机应变，与时逐利，而不责求他人。19年的时间，他三次赚得千金之财，两次分散给贫穷的朋友和远房同姓的兄弟。范蠡后来年老力衰，子孙继承了他的事业并有所发展，终于有了巨万家财。所以，后世谈论富翁时，都称颂陶朱公。

2.研讨：范家为什么最终有了巨万家财呢？（提示：《大学》里讲"财散则人聚"，范蠡把财散出去的时候，人心就聚过来了。不管做什么生意，大家都来支持）

3.小结：范蠡以诚、信、仁、义来经营，一生三散其财，三迁住所，三次创业，累至千金，成为一方巨贾，也成为现代企业家在从商经营方面的一个很好的榜样。

二 明 理

1.讲解

《大学》中说："生财有大道。生之者众，食之者寡，为之者疾，

用之者舒，则财恒足矣。"意思是，生产劳动的人要多，被供养的人要少，生产经营的时候要高效、快节奏、不浪费，消费使用的时候要节俭、有计划、细水长流，就会一直有财可用了。这就是中国传统思想中量入为出的观念。

《大学》中说："有德此有人，有人此有土，有土此有财，有财此有用。"《大学》是最精辟的管理学，这一个循环启示我们要用仁义道德经营事业，财富大厦德为根基。"知所先后，则近道矣。"这个顺序不能颠倒。一个人有德，自然会有很多有德行的人来到他的身边。因为有德行，大家信任他、找他合作。大家靠努力的工作获得财富，也就可以使用这些财富追求理想。

2. 思考

一个人要创业，没有德行为什么最终会失败呢？（提示：没有德，就没有有德行的人在他身边，没有一个好的发展空间。没有德，往往用偏道、歪道来获取财富，这样必然失信于人，当大众不认可的时候，就会断了所有的生财之路。《大学》中说："货悖而入者，亦悖而出。"用违背情理的手法得到的财物，也会不合情理地失去。所以，我们想要真正拥有财富和有意义的人生，不要着急有没有钱、有没有机会，只要努力提升道德，自然而然就会水到渠成）

三 交 流

1. 反思

一个人怎样在日常生活中积累财富呢？（提示：要靠辛勤的工作，节俭的生活，点点滴滴的积累。蓄积的能力越强，积累的财富就越多。但更要力所能及地助人，存心利于大众，德行是根本）

2. 引申

历史上，家风两三代就败掉的家庭，为什么商人居多呢？（提示：当一个人很有钱的时候，奢靡之气一沾染，钱财很快就会败尽。而且，人有钱而没有智慧就会傲慢，傲慢时就会轻率，再多的钱也会耗掉）

3. 分享

孔子的弟子子贡是一位有德行的商人，一生富甲天下，他拥有美好的品德，同时拥有很多的财富。子贡怎样用财呢？（提示：子贡用他的经商所得，成为孔子一生教学活动最大的赞助商，他用财富支持了孔子的教育事业，成为后世榜样）

四　知行合一

1. 要守法遵规经营，学习古圣先贤的生财之道，做一个有道德的人。

2. 要乐善好施，回馈社会，为大众和社会谋福利。

第九十六天

廉洁奉公

导　入

1.播放歌曲《公仆赞》的视频，妈妈引导：这首歌赞颂了谁？（提示：孔繁森）

2.研讨：老百姓为什么传颂、赞美孔繁森呢？（提示：他有一颗善良的爱民心，他有一颗赤诚的报国心）

3.小结：孔繁森，出生于山东省聊城市堂邑镇五里墩村，模范共产党员、优秀领导干部，原中共阿里地委书记，100位新中国成立以来感动中国人物之一，孔子第74代孙。孔繁森葬礼上的一副挽联，概括了他的一生，也道出了藏族人民对他的怀念："一尘不染，两袖清风，视名利安危淡似狮泉河水；两离桑梓，独恋雪域，置民族团结重如冈底斯山。"人们在料理孔繁森的后事时，看到两件遗物：一是他仅有的八元六角钱；二是他去世前四天写的关于发展阿里经济的十二条建议。这就是孔繁森留下的遗产，体现出一名共产党员的高尚情怀。

明　理

1.讲解

廉洁奉公就是品行端正，为人贞洁，忠诚履行公职，一心为公。

苏轼在《前赤壁赋》中说："且夫天地之间，物各有主，苟非吾之所有，虽一毫而莫取。"意思是，天地之间的万物各有主，假若不是属于我所有的，即使一丝一毫也不去强取。这句话在原文中作者是为了表达乐观的生活态度，也衍生出做官、为人都应清廉不贪，不是为我所有的东西，再微小也不能苟取的哲理。

2. 思考

清代张伯行在《禁止馈送檄》中说："一丝一粒，我之名节；一厘一毫，民之脂膏。宽一分，民受赐不止一分；取一文，我为人不值一文。"意思是，一丝一粒虽小，却牵涉我的名节；一厘一毫虽微，却都是民脂民膏。对百姓宽待一分，百姓所得就不止一分；向百姓多索取一文，我的为人就一文不值。张伯行被康熙皇帝誉为"天下第一清官"。他在福建巡抚任上，为拒绝送礼者撰写的这篇《禁止馈送檄》，表述了什么主张呢？（提示：关心百姓疾苦、注重个人名节、反对送礼行贿）

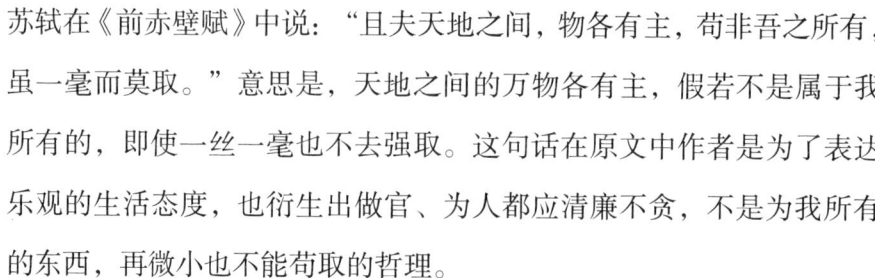 交 流

1. 反思

晋代的吴隐之到广州做官，从"贪泉"路过，就蹲下捧着泉水畅饮，随从见状赶紧上前阻拦："这是贪泉，千万不能喝啊！"吴隐之哈哈大笑说，"什么贪泉不贪泉的，我就不信这个邪。贪婪的人不喝也会贪，清廉的人喝了也能保持廉洁。"随后还赋诗一首以表达自己廉政的决心："古人云此水，一歃怀千金。试使夷齐饮，终当不易心。"意思是，人们传说喝了"贪泉"的水便会贪得无厌，欲壑难填。但我认为，如果让品德高洁的伯夷、叔齐喝了它，一定不会改变廉洁之心的。这

个故事表现出吴隐之的什么品质？（提示：他笑酌"贪泉"明廉志，洁身自好，"出淤泥而不染"，表现出清正廉洁的高尚品质）

2.引申

郑板桥在《潍县署中画竹呈年伯包大中丞括》这首诗中写道："衙斋卧听萧萧竹，疑是民间疾苦声。些小吾曹州县吏，一枝一叶总关情。"这首诗是郑板桥在乾隆年间出任山东潍县知县时赠给包括的，当时山东受灾，饥民无数。郑板桥整日为灾民奔波，夜不能眠。这首题画诗怎样理解呢？（提示：第一句"衙斋卧听萧萧竹"，写的是作者在衙署书房里躺卧休息，听到窗外阵阵清风吹动着竹子，萧萧丛竹，声音呜咽，给人一种凄凉之感。第二句"疑是民间疾苦声"，作者由凄寒的竹子声音联想到了百姓的疾苦，好像是饥寒交迫中老百姓的呜咽声。第三句"些小吾曹州县吏"，是写为民解忧的应该是所有的"父母官"。第四句"一枝一叶总关情"，这句诗既照应了风竹画和诗题，又寄予了深厚的情感，老百姓的点点滴滴都与"父母官"们紧紧联系在一起呀！这首诗由风吹竹摇之声而联想到百姓生活疾苦，寄予了作者对老百姓命运的深切关注和同情）

3.分享

明代的年富在《官箴》中说："吏不畏吾严而畏吾廉，民不服吾能而服吾公；廉则吏不敢慢，公则民不敢欺；公生明，廉生威。"意思是，下属敬畏我，不在于我严厉而在于我廉洁；百姓信服我，不在于我有才干而在于我办事公正。廉洁则下属不敢轻慢，公正则百姓不敢欺蒙。处事公正才能明辨是非，做人廉洁才能树立威信。清乾隆年间，泰安知府颜希深将《官箴》作为家训传诸后代，颜氏祖孙三代恪守《官箴》，连出了四个督抚。这句话诠释出为官之本最重要的是什么呢？（提

示：公、廉）

四 知行合一

1. 要胸怀崇高理想，端正品行，立足本职工作，全心全意为人民服务。

2. 要为人贞洁，清廉守正，奉公守法。

第九十七天

行己有耻

导　入

1.父子交流：在生活中，当一个人因为犯了错误而内心感到不安、惭愧时，往往表现在脸上，特别是耳朵会怎样呢？（提示：耳朵会发热发红）

2.研讨：人能够知耻，懂得收敛自己，这是什么心在起作用呢？（提示：羞耻心）

3.小结：《了凡四训》中说"孟子曰：耻之于人大矣。以其得之则圣贤，失之则禽兽耳"。一个人行事，凡自己认为可耻的就不去做，这样才能不断进步。

明　理

1.讲解

《说文解字》中说："耻，辱也。""耻有闻过心生惭愧之意。"一个人心生惭愧了，耳朵会发热发红，这是羞耻心呈现出来的表现。这个耻心让人知羞耻，懂得收敛自己，改正自己的错误。所以，耻是成就德行的基础。

《大学》开篇讲："大学之道，在明明德。"就是让我们弘扬内

心的光明品性。孔子说："知耻近乎勇。"一个人只有懂得羞耻，才能自省自励，奋发图强。假如自己放纵坏习惯，就很难进步。自我放弃了，谁也帮不上忙。所有善的力量对我们都是一种辅助，但要我们肯接受才行。比方说，父母的话我们肯听，父母才帮得上忙；老师的话记在心上，认真落实，才能受益。一个人耻做恶事，就会不断提升自己的善心善行，不断进步。"羞恶之心"起作用，一起恶念就很警觉，这种态度督促自己马上停止恶的行为，进而改正这个行为，提高自己。所以羞耻心对于保护自己有相当大的作用，这个耻心一起作用，就是良知警觉和苏醒了，是恢复明德最重要的基础。懂得羞耻对于一个人的人生实在太重要了。不以赶不上别人为羞耻，怎样能赶上别人呢？

"羞耻心"历来被视为"立人之大节"。一个人知耻才能改过，才会进步，所以《中庸》里说"知耻近乎勇"，"勇"就是勇敢。这里把羞耻和勇敢等同起来，就是使人们知道：知羞耻并勇于改过是一种可贵的品质，这也是对知羞耻并能够勇于改过的人的赞赏。

2.思考

《孟子》中说"耻之于人大矣"。为什么"耻"对一个人很重要呢？（提示：人如果一有恶念，就会生羞耻的心；一行恶事，就有愧疚的感觉，又耻又愧，一定会因此而停止自己的恶念恶行。因此知耻是保全人的思想、行为不离道德的护栏，所以古人说"耻可以全人之德"）

三 交 流

1.反思

中国传统文化很讲究"耻"，孔子标举"行己有耻""有耻且格"的行为，并以此作为教导学生修身的标准。古圣先贤为什么反复强调

"耻"的重要呢？（提示：羞耻心是做人的底线，是道德自律的基础，有耻才能有所不为。自己知道什么是可耻的行为，就能够约束自己。弘扬知耻精神，就能够促进人们的道德自觉与社会和谐）

2. 引申

朱熹在《四书集注》中，对孟子"耻之于人大矣"一句做了发挥，说"存之则进于圣贤，失之则入于禽兽"。这句话讲明一个什么道理呢？（提示：知耻就是自我觉悟。有了这种觉悟，就能分清善与恶、美与丑、是与非而自觉提升道德，自觉抵制不良诱惑。唯有知耻，才有自尊，才能奋发向上）

3. 分享

小孩一做错事，他的神情就不一样。他第一次说谎、犯错，父母很容易察觉，那是他的羞耻心在起作用，浑身不自在。从这里启示做父母的，怎样做才能把握教育的时机呢？（提示：父母要陪伴孩子成长。只要孩子一犯错，马上就修正，让他记取教训，以后不再犯）

四　知行合一

1. 要以羞耻心保护自己，不断提升自己的善心善行。

2. 要提高警觉，耻做恶事，肯接受父母老师的教导。

第九十八天

爱众亲仁

一 导 入

1. 播放中央电视台《朗读者》节目中《藏羚羊的跪拜》的视频，妈妈引导：藏羚羊为什么向老人下跪呢？（提示：想让猎人放过它和它还未出世的孩子）

2. 研讨：藏羚羊的跪拜就是祈求猎人要以仁爱的心对待它。老猎人埋掉了他的猎枪，他对自己十分自责，再也不打猎了。对动物要爱护，对植物需要爱护吗？（提示：植物也在我们赖以生存的地球的生命共同体中，也要爱护）

3. 研讨：植物对我们有很多好处，氧气就是来自植物，它给了人们最需要的东西。如果不尊重植物，乱砍滥伐，就会产生哪些问题呢？（提示：乱砍滥伐树木会引来沙尘暴、龙卷风等自然灾害，会造成水土流失，导致温室效应，树林土壤松动了，还容易造成泥石流等）

4. 小结：人和大自然是共存的，不管是动物、植物，都要用爱心去对待。人类能够保护它们就可以共存共荣，如果伤害它们，就会两败俱伤。

二 明 理

1. 讲解

《弟子规》中说："凡是人，皆须爱；天同覆，地同载。"人与人之间要互助合作，相亲相爱。

仁爱心要落实在言谈中。见到别人有短处，有不好的地方，不要到处宣扬，要用来反省自己。

仁爱心要落实在行动上。即使要送别人东西，也要看他现在方不方便。如果有事要跟人商量，也要先观察他现在忙不忙。自己有能力时，就要尽心尽力地付出。在团体中，不能起嫉妒心，还要能成就别人的善事。嫉妒心不只阻碍自己，还可能把众人的事搞砸了。

仁爱心要落实在与人交往中。只要有机会就要去付出，这样人与人之间就会愈处愈好。当一个人处处能为人着想，他就已经在仁道之中了。

2. 思考

《弟子规》中说："能亲仁，无限好；德日进，过日少。"能够亲近有仁德的人，向他学习，就会使自己的德行一天比一天进步，过错也跟着减少。怎么达到时时刻刻都亲近有仁德的人呢？（提示：学习中华优秀传统文化，按照良师益友的要求做，时时刻刻把这些教诲放在心上，认真落实）

三 交 流

1. 反思

当我们送别人东西时，要顾虑到对方的感受；当我们晚上从朋友家离开，到了家要立刻通知对方；当我们看到朋友情绪不好时，就先不要打扰他，但要会察言观色，如果他的情绪到了谷底，就要去关怀，给他温暖。这样都体现了对朋友怎样的心？（提示：仁爱）

2. 引申

据《祁县志》记载：清光绪三年，天遭大旱，赤地千里，寸草不生。乔致庸带着家丁搭粥棚，熬粥救济灾民。为了节约粮食，他们一家人也与灾民同锅喝粥。当时的民谣说："光绪三年，人死一半。"乔致庸救活了很多人，怎样评价他的善行义举呢？（提示：乔致庸的善行义举体现了他的仁爱心，成为社会和后世子孙的榜样）

3. 分享

白居易有一首诗写到，"莫道群生性命微，一般骨肉一般皮，劝君莫打枝头鸟，子在巢中望母归"。这首诗启示人们什么呢？（提示：仁爱的心不仅对人，而且要爱护动物、爱惜生命）

四 知行合一

1. 把仁爱心落实在言谈举止和与人交往中，学会为人着想。

2. 与大自然和谐共处，要以仁爱的心对待一切人、动物和植物。

第九十九天

改过迁善

一 导 入

1.父子交流：如果朋友指出自己的缺点时就很生气，这样会有怎样的结果呢？（提示：真正的良朋益友就会远离）

2.研讨：如果一个人只行善不改过，结果会怎样呢？（提示：行善而不改过，就如同一个水桶破了个洞，再怎么加水也会漏掉）

3.小结：一个人要想通过行善开拓自己的前程，首先要改过。

二 明 理

1.讲解

孔子说："闻义不能徙，不善不能改，是吾忧也。"孔子每天想着改过行善，确实令我们惭愧，也激励我们见贤思齐。只有具备这样的态度，我们才能"德日进，过日少"，才会生活在"学而时习之"的喜悦中。

《了凡四训》中说："未论行善，先须改过。"《中庸》里说："知耻近乎勇。"改过要有耻心，知错能改是勇者的行为，大勇的人不是力勇，而是人格的智勇。真正的"勇"是能够克服自己的坏习惯，改正自己的过失。当这个勇气持续几年，坏毛病转变过来，人生就会充满欢喜。

如果为了面子，死不认错，还要去掩饰错误，就会铸成大错，所以改过还要有畏惧的心。

一个人希望有成就，就要改过。改过不仅要有耻心、畏心、勇心，还要有改过的方法。如果我们能够时时刻刻反观自己的思想，随时修正，就会收到很好的效果。

2. 思考

人生改过的动力来自孝心、亲情和爱心。那么，改过首先要从哪里下手呢？（提示：要从最难的地方下手，想想自己的坏毛病坏习惯，哪个最严重就从哪里下手改起，进步就会很快）

三 交 流

1. 反思

看见别人的缺点、过失和不良行为，我们要保持怎样的态度呢？（提示：要反躬自省，检讨自己是否也有这些缺失，有则改之，无则加勉。而且不要把别人的过失放在心上）

2. 引申

当我们看到别人的行为错误时，应该怎样做呢？（提示：如果他不是有心的，要包容、宽恕，不要背后议论别人的过失，也要反观自己的言语行为有没有不当的地方。而且我们要有使命感，自己要努力做好，以榜样来影响和纠正他。比如，一些人不懂报恩，我们就要知恩报恩；一些人无礼，我们就要彬彬有礼；一些人拿公家的东西自己用，我们就要廉洁。这些都能够让看到的人生起惭愧心，改正自己）

3. 分享

《弟子规》中说"道人善，即是善"。当对方听到称赞，必然会

更加勉励自己努力行善。那么，称赞他人要遵循什么原则呢？（提示：要发自内心地称赞他人的品德和道义的行为）

四 知行合一

1.坚持学习中华优秀传统文化，让古圣先贤的教诲提醒自己少犯错误。要勇于改过，克服自己的坏习惯。时常反省自己的过失，警诫自己不要再犯。

2.看见他人的优点或善行义举就要学习看齐，即使目前能力相差很多也要下定决心努力赶上，做一个善良的人，努力做到"日行一善"。

第一百天

积善成德

一 导 入

1.母子交流：明代袁了凡的家训中说"昔颜氏将以女妻叔梁纥，而历叙其祖宗积德之长。"这句话讲的是一件什么事情呢？（提示：姓颜的人家要把女儿许配给孔子的父亲时，就一件事一件事地叙述他们一家人修善积德的长处）

2.研讨：为什么颜家要考量孔家修善积德的长处呢？（提示：父母和祖辈的行为方式对孩子有深远的影响。行善积德的家庭家风好，家风好就会家道兴盛，和顺美满）

3.小结：《周易》中说"积善之家，必有余庆"。意思是，积善的家庭，一定会有很多福分喜庆的事。所以家庭成员要注重行善积德。

二 明 理

1.讲解

凡是利于他人的思想、言语、行为就是善。

善有真假。真善和假善要从存心判断。如果批评他人是为了唤醒、帮助他，存心是利于他人就是善。如果为了自己的私利礼敬他人，再

有礼貌也是假善。

善有是非。如果从眼前看好像是好的，但从长远看害处很多，这就是"非"；当场做的时候可能会有很多人不认同，可是往后会利于相当多的人，这就是"是"，要做这种事。

善有大小。如果是为了千千万万的人民着想，这个善就大。善的大小最重要的在自己的心。

利于社会大众的事情很多，最有价值的就是教育。

2. 思考

古圣先贤总是想着更好地利于他人，他们会从大的方面思考问题，考虑到以后的影响。孔子的学生子贡常到别的国家做生意。鲁国有一个规定，只要在别的国家发现鲁国人被卖到那里当奴隶，就可以花钱把他赎回来，国家再以同样的赎金偿还。子贡赎了人回来，因为他很有钱，就不要官府的钱，人们都说子贡清高。因为鲁国穷人多，孔子就说子贡这样做不恰当。请分析一下孔子为什么这样说呢？（提示：鲁国穷人多，如果子贡赎人不要国家的钱，那其他不富裕的人到了其他国家看到自己的国人，会想子贡都不要国家的钱，那我要钱好像就比他矮一截了。可是我不拿钱，生活都堪忧。所以他救人时就会有顾虑、迟疑，甚至不去赎人。所以子贡这么做会有不好的影响，可能就有人因为这样而不能回到自己的家园）

三　交　流

1. 反思

劝人为善要考虑到对方的什么因素呢？（提示：要考虑到对方的接受程度，教人行善不可以一开始标准就很高，要让他容易学习践行）

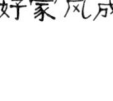

2.引申

古代很多有钱的善心人常常造桥铺路，以造福于更多的人。如果一个普通人，没有多少钱，能做些什么呢？（提示：普通人也要存一颗利于他人的心，并要随时付出力所能及的行动）

3.分享

宋代史学家司马光在家训中强调"积金与子孙，子孙未必能尽守。"司马光凭借历史的经验得出了积累金钱留给子孙，子孙不一定能全部守住的经验。那么，把什么留给子孙，才能使子孙真正受益呢？（提示：留家风、留德）

四 知行合一

1.行善要从尽孝开始，要从自身实际出发，每天尽力多行善事，在行善中培养无私的心，成就自己的品德。

2.要把行善作为自己的本分，发自内心，出自真诚，不去炫耀，不求回报。